I0644243

Grammaire espagnole

DANS LA MÊME COLLECTION

ANGLAIS

- CONJUGAISON ANGLAISE
- GRAMMAIRE ANGLAISE
- VOCABULAIRE ANGLAIS

ESPAGNOL

- CONJUGAISON ESPAGNOLE
- VOCABULAIRE ESPAGNOLE

FRANÇAIS

- CONJUGAISON FRANÇAISE

Grammaire espagnole

par

Soledad San Miguel

© 2007, Pocket, un département d'Univers Poche.

ISBN : 978-2-266-16850-2

SOMMAIRE

LA PRONONCIATION
ET
L'ORTHOGRAPHE

L'ALPHABET

L'alphabet espagnol se compose de 29 lettres :

A	a	**J**	jota	**R**	erre
B	be	**K**	ka	**S**	ese
C	ce	**L**	ele	**T**	te
Ch	che	**LL**	elle	**U**	u
D	de	**M**	eme	**W**	uve doble
E	e	**N**	ene	**V**	uve
F	efe	**Ñ**	eñe	**X**	equis
G	ge	**O**	o	**Y**	i griega
H	hache	**P**	pe	**Z**	zeta
I	i	**Q**	cu		

Les lettres particulières à l'espagnol sont : **ll, ñ** et **ch**.

Le nom des lettres en espagnol est féminin : **la ele**.

LA PRONONCIATION

Voyelles : a, e, i, o, u

– **a, o**, et **i** se prononcent comme en français dans *papa*, *papier*, *port*.

– **e** se prononce comme le *é* de *bébé*.

– **u**, se prononce *ou*. Comme en français, il ne se prononce pas dans **que**, **qui**, **gue** et **gui**, sauf s'il est surmonté d'un tréma : **vergüenza**.

Le son nasal français - *en, in, un*- n'existe pas en espagnol, les deux lettres doivent se prononcer bien distinctement : **i-nteresa-nte**.

Les voyelles gardent également leur son devant une ou plusieurs voyelles : **a-u-tomático**

Consonnes :

– **b** et **v** se prononcent de la même façon : *b*
– *c* devant **a, o, u**, se prononce *ka, ko, ku*
– *ce* et *ci* se prononcent en mettant le bout de la langue entre les dents (proche du son « th » anglais).
– **ch** se prononce « tch » en français.
– **ga, go, gu, gui, gue** se prononcent comme en français : *gâteau, gomme, guttural, guitare, guerre*.
– **ge, gi, ja, je, ji, jo, ju** se prononcent du fond de la gorge, il est proche du « ch » allemand (*Bach*).
– **h** est toujours muet.
– **ll** a le son mouillé du français dans *lieu*.
– **ñ** se prononce comme le groupe « gn » dans *Espagne*.
– **q** est toujours suivi de **u** ; se prononce *k*.
– **r** et **rr**. Le **r** se prononce du bout de la langue qui vibre derrière les incisives supérieures.
   Le **r** initial et le **rr** sont roulés avec plus de vibrations.
– **s** se prononce toujours « ss » comme dans *message*. Il n'est jamais doublé à l'écrit.
– **t** se prononce toujours comme dans *ton*, *tien*.
– **v** se prononce comme un **b**.
– **x** se prononce « ks », comme dans *examen*.
– **y** se prononce comme en français, sauf dans la conjonction **y** (*et*) et **muy** (*très*) où il est prononcé comme un **i**.
– **z** le son est proche du « th » anglais. Il faut placer le bout de la langue entre les dents.

L'ACCENT TONIQUE ET L'ACCENT ÉCRIT

Tous les mots espagnols ont une syllabe qui est prononcée sur un ton plus élevé, c'est l'accent tonique.

– les mots terminés par une **voyelle**, par un **-n** ou par un **-s** portent l'accent tonique sur l'avant-dernière syllabe (l'accent n'est pas écrit) :

ho-la	*salut*
jo-ven	*jeune*
li-bros	*livres*
a-**le**-gre	*gai*
ma-ra-**vi**-lla	*merveille.*

– les mots terminés par une **consonne**, sauf **-n** et **-s**, portent l'accent tonique sur la dernière syllabe (l'accent n'est pas écrit) :

a-**mar**	*aimer*
li-ber-**tad**	*liberté*
pa-**pel**	*papier*
*f*ra-ter-ni-**dad**	*fraternité*
ven-ti-la-**dor**	*ventilateur*

– les mots qui n'obéissent pas à ces deux règles doivent porter un accent écrit (aigu) sur la voyelle tonique :

jar-**dín**	*jardin*
a-ma-**rás**	*tu aimeras*
a-**zú**-car	*sucre*
bas-**tón**	*canne*
ca-**rác**-ter	*caractère*

– les mots dont l'accent tonique se trouve sur l'avant-avant-dernière syllabe portent toujours l'accent écrit :

te-**lé**-fo-no	*téléphone*
a-**mé**-ri-ca	*amérique*
dí-me-lo	*dis-le-moi*
bó-ve-da	*voûte*
bra-**ví**-s-imo	*bravissime*

– les monosyllabes ne portent pas l'accent écrit sauf pour différencier deux mots de signification différente :

él	*il*	**el**	*le*
mí	*moi*	**mi**	*mon, ma*
tú	*tu*	**tu**	*ton, ta*

– les mots interrogatifs et exclamatifs portent toujours un accent écrit :

¿Cómo estás ?	*Comment ça va ?*
¿Dónde estás ?	*Où es-tu ?*
¡Qué genial !	*C'est génial !*
¡Qué sorpresa !	*Quelle surprise !*

ACCENTUATION DES DIPHTONGUES

On appelle diphtongue la réunion de deux voyelles qui forment une seule syllabe :

une voyelle forte (a, e, o) + une voyelle faible (i, u)

L'accent tonique tombe sur la voyelle forte. L'accent est écrit ou non selon les règles de l'accentuation :

ai-re	*air*
a-máis	*vous aimez*
bai-le	*danse*
rei-na	*reine*

une voyelle faible + une voyelle forte

L'accent tonique tombe sur la voyelle forte. L'accent est écrit ou non selon les règles de l'accentuation :

vien-to	*vent*
bue-no	*bon*
miér-co-les	*mercredi*
ca-mión	*camion*

une voyelle faible + une voyelle faible

L'accent tonique tombe sur la deuxième voyelle. L'accent est écrit ou non selon les règles de l'accentuation :

ciu-dad	*ville*
rui-do	*bruit*
jui-cio	*jugement*
ru-in	*minable*

Lorsque deux voyelles se suivent, elles ne forment pas toujours une diphtongue :

une voyelle forte + une voyelle faible tonique = deux syllabes

La voyelle faible porte toujours un accent écrit :

ra-íz	*racine*
pa-ís	*pays*
rí-o	*fleuve*
dí-a	*jour*

deux voyelles fortes = deux syllabes

L'accent est écrit ou non selon les règles de l'accentuation :

ro-er	*ronger*
ca-os	*chaos*
me-o-llo	*cervelle*

LE GROUPE NOMINAL

L'ARTICLE

L'ARTICLE DÉFINI

	Singulier	Pluriel
Masculin	**el**, *le*	**los**, *les*
Féminin	**la**, *la*	**las**, *les*

el mar   *la mer*
los peces   *les poissons*
la tierra   *la terre*
las jirafas   *les girafes*

Deux contractions :

* **a + el = al**
    Fuimos al río   *Nous sommes allés au fleuve.*
* **de + el = del**
    Vengo del campo   *J'arrive de la campagne.*

L'emploi de l'article :

– devant un nom féminin singulier commençant par **a** ou **ha** tonique, on emploi **el** au lieu de **la** :
   El hacha   *la hache*   **el agua**   *l'eau*
   Mais au pluriel : **las hachas/las aguas**.

   Si un adjectif qualificatif suit le nom, il se met au féminin :
   Las aguas cristalinas. *Les eaux cristallines.*

– les articles **la** et **las** pour exprimer l'heure :
   Es la una y media. *Il est une heure et demie.*

Son las cinco de la tarde. *Il est cinq heures de l'après-midi.*

– **el, los** devant le nom des jours de la semaine :
Llegó el sábado. *Il est arrivé samedi.*
Los lunes voy a la piscina. *Les lundis, je vais à la piscine.*

– l'article **los** avec un préposition (sauf **con**) pour exprimer l'âge :
Le gusta la música desde los once años. *Elle aime la musique depuis l'âge de onze ans.*
Toca la guitarra desde los seis años. *Il joue de la guitare depuis l'âge de six ans.*

– l'article défini devant les noms **señor, señora, señorita** quand on parle de la personne :
La señora Carmona acaba de salir. *Mme Carmona vient de sortir.*
El Sr. Álvárez está en su despacho. *M. Alvárez est dans son bureau.*

Si l'on s'adresse directement à la personne, l'article disparaît :
¿Qué tal está, señora Carmona ? *Comment allez-vous, madame Carmona ?*
¿Adónde va, señor Álvárez ? *Où allez-vous, monsieur Álvarez ?*

– l'article **el** devant un infinitif (substantivation de l'infinitif) :
El cantar de Carla m'inspira. *Le chant de Carla m'inspire.*
El beber mucho es malo para la salud. *Boire beaucoup est mauvais pour la santé.*

– **el que** suivi d'un subjonctif est traduit par *le fait de* :
El que grite no me impresiona. *Le fait qu'il crie ne m'impressionne pas.*

El que lea mucho le cansa la vista. *Le fait de lire beaucoup lui fatigue la vue.*

OMISSION DE L'ARTICLE DÉFINI

– devant un nom de pays ou de région non qualifié :
Visitamos España. *Nous avons visité l'Espagne.*
Mais :
Visitamos la España verde. *Nous avons visité l'Espagne verte.*
Quelques exceptions : **(el) Salvador, (el) Japón, (el) Brasil, (la) India, (los) Estados Unidos**...

– devant des mots comme **casa, clase, misa, caza, pesca** non déterminés :
Después de ir al gimnasio, fuimos a clase y luego volvimos a casa.
Après être allés au gymnase, nous sommes allés en classe et ensuite, nous sommes rentrés chez nous.
Mais :
Voy a clase de gimnasia. *Je vais au cours de gymnastique.*

– devant un superlatif relatif, après un nom précédé d'un article ou d'un possessif :
Es el hombre más simpático que conozco. *C'est l'homme le plus sympathique que je connaisse.*
Fue el proyecto más interesante. *C'était le projet le plus intéressant.*

– dans de nombreuses expressions :
A principios, a mediados, a finales (fines) de mes.
Au début, au milieu, à la fin du mois.
Por primera, última, enésima vez, cállate. *Pour la première, la dernière, la énième fois, tais-toi.*

L'ARTICLE NEUTRE **LO**

– **lo**, devant un adjectif masculin singulier ou un participe passé, donne à la tournure une valeur abstraite et équivaut souvent à *ce qui est, ce qu'il y a de* :
Lo increíble fue su estúpida respuesta. *Ce qu'il y avait d'incroyable, c'était sa réponse stupide.*
Lo malo es que ni siquiera se da cuenta. *Ce qui est pire, c'est qu'il ne se rende même pas compte.*

– **lo... que** encadrant un adjectif, un participe passé, ou un adverbe, équivaut à *comme, combien, ce que* :
¡ Lo sensual que era ! *Comme elle était sensuelle !*
¡ Lo difícil que es ! *Combien c'est difficile !*

– **lo que, lo de**
lo devant le relatif **que** se traduit alors par *ce que, ce qui.*
Lo que está bien es que estés aquí. *Ce qui est bien, c'est que tu sois ici.*
Lo que no fue nada agradable. *Ce qui n'a pas du tout été agréable.*

– **lo** suivi de la préposition **de** se traduit par *l'histoire de, l'affaire de, la question de, en ce qui concerne,* etc.
Lo de tu amigo es increíble. *L'histoire de ton ami est incroyable.*
Lo de mis vecinos no era importante. *L'affaire de mes voisins n'était pas importante.*

L'ARTICLE INDÉFINI

	Singulier	Pluriel
Masculin	**un**, *un*	**unos**, *des*
Féminin	**una**, *une*	**unas**, *de*

D'une façon générale, l'article indéfini pluriel est rarement utilisé en espagnol :

Tengo dificultades. *J'en ai des difficultés.*

Tenían mogollón de libros. *Ils avaient plein de bouquins.*

– **un** devant un nom féminin singulier commençant par **a** ou **ha** tonique :

Tengo un hambre que no veo. *La faim m'empêche de voir.*

Es un agua muy cristalina. *C'est une eau très cristalline.*

– **un** devient **uno** pour traduire le français *en... un*.

Hemos tenido uno. *Nous en avons eu un.*

Nos falta una. *Il nous en manque une.*

– les partitifs français *du, de la, des*, ne se traduisent pas :

Tengo cerveza. *J'ai de la bière.*

Dame cava. *Donne-moi du champagne.*

OMISSION DE L'ARTICLE INDÉFINI

– devant **cierto**, *certain*, **cualquier**, *quelconque*, **igual**, *égal*, **medio**, *demi*, **otro**, *autre*, **semejante**, *semblable*, **tal**, *tel*, **tan**, *si* :

Lo haremos otro día. *Nous le ferons un autre jour.*

No acepto semejante calumnia. *Je n'accepte pas une calomnie pareille.*

Quiero medio kilo de manzanas. *Je veux un demi-kilo de pommes.*

Emploi de **unos** et **unas** = *des* :

– devant un adjectif ou un participe passé substantivé :

Son unas imbéciles. *Ce sont des imbéciles.*

Eran unos manipuladores. *C'étaient des manipulateurs.*

– devant un nom pluriel désignant des choses qui vont par paires :
Tenía unos ojos maravillosos. *Il avait des yeux merveilleux*.
Pásame unas tijeras. *Passe-moi des ciseaux*.

– en début de phrase :
Unos adolescentes adorables. *Des adolescents adorables*.
Unas perfectas incrédulas. *Des parfaites incrédules*.

– **unos, unas (algunos, as)** = *quelques,* pour désigner un petit nombre ou un groupe restreint :
Dijo unas mentiras impresionantes. *Il a dit des mensonges impressionnants*.
Bebimos unos cuantos vasos. *Nous avons bu quelques verres*.

– **unos, unas** = *environ, à peu près*, pour indiquer une quantité approximative :
Eramos unas quince personas. *Nous étions environ quinze personnes*.
Había unos quince mil libros. *Il y avait environ quinze mille livres*.

L'ARTICLE PARTITIF

Les articles partitifs français *du*, *de la*, *des*, ne se traduisent pas en espagnol :
Quiero agua. *Je veux de l'eau*.
¿Tienes leche ? *As-tu du lait ?*

Il ne faut pas confondre le partitif français avec la préposition **de** suivie de l'article défini :
Es la comida de los niños. *C'est le repas des enfants*.
Formaba parte de los juegos. *Cela faisait partie des jeux*.

LE NOM

Le nom en espagnol ne peut être que féminin ou masculin.

Le genre des noms en espagnol n'est pas toujours le même qu'en français :

el dolor	*la douleur*
la novela	*le roman*
el sabor	*la saveur*
el dolor	*la douleur*

La plupart des noms terminés en – **o** sont masculins et ceux terminés en –**a** féminins, à quelques exceptions près :

el libro	*le livre*	**la simpatía**	*la sympathie*
el cenicero	*le cendrier*	**la mentira**	*le mensonge*
el espejo	*le miroir*	**la lámpara**	*la lampe*

– Sont masculins les noms terminés en :

-o	**el cuento**	*le conte*
	el labio	*la lèvre*
	el mechero	*le briquet*
Sauf	**la mano**	*la main*
	la moto	*la moto*
	la foto	*la photo*
	la radio	*la radio*
-or	**el color**	*la couleur*
	el sabor	*la saveur*
	el olor	*l'odeur*
Sauf	**la flor**	*la fleur*
	la labor	*la tâche*
	la coliflor	*le chou-fleur*
	la sor	*la bonne sœur*

-il	el perfil	*le profil*
	el marfil	*l'ivoire*
	el mandil	*le tablier*
-án, -én, -ón	el talismán	*le talisman*
	el andén	*le quai*
	el camión	*le camion*
sauf en **-ción** et **-sión**	la integración	*l'intégration*
	la confesión	*la confession*
	la obligación	*l'obligation*

Les noms des montagnes, des fleuves, des mers :

	el Mediterráneo	*la Mediterranée*
	el Sena	*la Seine*
	los Pirineos	*les Pyrénées*

– Sont féminins les noms terminés en :

-a	la casa	*la maison*
	la pierna	*la jambe*
	la gramática	*la grammaire*
sauf	el problema	*le problème*
	el día	*le jour*
	el planeta	*la planète*, etc.
-ad, -ed, -ud, -ez	la amistad	*l'amitié*
	la sed	*la soif*
	la juventud	*la jeunesse*
	la timidez	*la timidité*
-ie, -umbre	la serie	*la série*
	la cumbre	*le sommet*
	la carie	*la carie*
-ción, sión	la canción	*la chanson*
	la pasión	*la passion*
	la estación	*la gare/station*

Les mots qui se terminent en **-e** peuvent être masculins ou féminins :

el coche	*la voiture*
el diente	*la dent*
la mente	*l'esprit*

FORMATION DU FÉMININ

Les noms terminés en **-o** font leur féminin en remplaçant le **-o** par le **-a** :

el niño	*le garçon*	**la niña**	*la fille*
el gato	*le chat*	**la gata**	*la chatte*
el rubio	*le blond*	**la rubia**	*la blonde*

Les noms terminés par une consonne font, généralement, leur féminin en ajoutant un **-a**

el juez	*le juge*	**la jueza**	*le juge*
el director	*le directeur*	**la directora**	*la directrice*
el doctor	*le docteur*	**la doctora**	*le docteur*

Les noms terminés en **-ista**, **-ante** et **-ente** peuvent être féminins ou masculins :

la/el artista	*l'artiste*
la/el cantante	*le chanteur, la chanteuse*
la/el adolescente	*l'adolescent*

Les nom terminés en **-e** font, en général, leur féminin en ajoutant un **-a** :

el monje	*le moine*	**la monja**	*la nonne*
el jefe	*le chef*	**la jefa**	*le chef*
el suplente	*le suppléant*	**la suplenta**	*la suppléante*

Un certain nombre de mots ont pour féminin des formes particulières :

el alcalde	*le maire*	**la alcaldesa**	*la mairesse*
el actor	*l'acteur*	**la actriz**	*l'actrice*
el marqués	*le marquis*	**la marquesa**	*la marquise*

D'autres ont pour féminin des noms différents :

el toro	*le taureau*	la vaca	*la vache*
el marido	*le mari*	la mujer	*la femme*

D'autres n'ont qu'une seule forme pour le masculin et le féminin :

el/la colega	*le/la collègue*
el/la modelo	*le/la mannequin*
el//la mártir	*le martyr, la martyre*

Changement de sens si le nom est masculin ou féminin :

el capital	*le capital*	la capital	*la capitale*
el frente	*le front (1re ligne)*	la frente	*le front*
el cometa	*la comète*	la cometa	*le cerf-volant*

FORMATION DU PLURIEL

Pluriel des mots terminés par une voyelle : **-s** :

el disco	*le disque*	los discos	*les disques*
el cuadro	*le tableau*	los cuadros	*les tableaux*
el bolígrafo	*le stylo*	los bolígrafos	*les stylos*

Pluriel des mots terminés par une consonne : **-es** :

señor	*monsieur*	señores	*messieurs*
la edad	*l'âge*	las edades	*les âges*
el jardín	*le jardin*	los jardines	*les jardins*

Pluriel des mots terminés en **-z** et en **-s** :

Le **-z** se transforme au pluriel en **-ces** :

la raíz	*la racine*	las raíces	*les racines*
la matriz	*la matrice*	las matrices	*les matrices*
el cáliz	*le calice*	los cálices	*les calices*

Singulier en **-s** : si la dernière syllabe n'est pas tonique, le pluriel est invariable :

el virus	*le virus*	los virus	*les virus*
la tesis	*la thèse*	las tesis	*les thèses*

Singulier en **-s** : monosyllabes et mots en **-s** dont la dernière syllabe est tonique, on ajoute **-es** :

el mes	*le mois*	**los meses**	*les mois*
el país	*le pays*	**los países**	*les pays*
el francés	*le français*	**los Franceses**	*les Français*

Changement de sens selon le nombre :

el padre	*le père*	**los padres**	*les parents*
el celo	*le zèle*	**los celos**	*la jalousie*
la esposa	*l'épouse*	**las esposas**	*les menottes*

L'ADJECTIF QUALIFICATIF

L'adjectif qualificatif est le mot qui accompagne le nom pour exprimer une qualité de l'être ou de l'objet nommé. Il s'accorde avec le nom en genre et en nombre.

Ellas están contentas y él está encantado. *Elles sont contentes et lui, il est enchanté.*

FORMATION DU FÉMININ

– Les adjectifs masculins terminés en **-o** forment leur féminin en remplaçant le **-o** par **-a** :

bonito	*beau/belle*	**bonita**
blanco	*blanc/che*	**blanca**
listo	*intelligent/e*	**lista**

– Les adjectifs masculins terminés en **-dor, -tor, -sor, -ín, -án, -ón** forment leur féminin en ajoutant **-a** :

encantador	*charmant/e*	**encantadora**
doctor	*docteur*	**doctora**
chiquitín	*tout/e petit/e*	**chiquitina**

– Les adjectifs terminés par une consonne – autre que celles indiquées précédemment – ou par **-a, -e, -í, -ú** ont une seule forme pour le masculin et le féminin :

mejor	*mieux*
alegre	*gai*
hindú	*hindou*

– Les adjectifs terminés par une consonne exprimant la nationalité, l'appartenance à une région ou à une ville, forment leur féminin en ajoutant **-a** :

español	*espagnol/e*	**española**

francés	*français/e*	**francesa**
inglés	*anglais/e*	**inglesa**

Mais ceux qui se terminent par une autre voyelle que **-o** sont invariables :

belga	*belge*
estadounidense	*des États-Unis*
marroquí	*marocain*

FORMATION DU PLURIEL

– Les adjectifs qui se terminent par une voyelle non accentuée forment leur pluriel en ajoutant un **-s** :

guapo/a	*beau/belle*	**guapos/as**	*beaux/belles*
alto/a	*grand/e*	**altos/as**	*grands/es*

– Les adjectifs qui se terminent par une consonne ou par **-í** forment leur pluriel en ajoutant **-es** :

precoz	*précoce/s*	**precoces**
fácil	*facile/s*	**fáciles**
baladí	*futile/s*	**baladíes**

À noter que les adjectifs composés exprimant une couleur restent invariables :
Los pantalones gris oscuro. *Les pantalons gris foncé.*

PLACE DE L'ADJECTIF

– les adjectifs se placent généralement après le nom :
La casa blanca. *La maison blanche.*
Las personas agradables y buenas. *Les personnes agréables et bonnes.*

– les adjectifs placés avant le nom (plutôt littéraire) pour mettre en valeur des qualités de celui-ci :
Su querido padre. *Son père (bien-) aimé.*
Su estimado amigo. *Son ami aimé.*

APOCOPE DE L'ADJECTIF

Bueno, *bon*, **malo**, *mauvais*, **grande**, *grand* deviennent
buen, **mal**, **gran** devant un nom :

Es un buen chico. *C'est un bon gars.*
Está de mal humor. *Il est de mauvaise humeur.*
Es una gran película. *C'est un grand film.*

Notez qu'il existe des adjectifs qui changent de sens selon
leur place :

Un pobre hombre. *Un pauvre type.*
Un hombre pobre. *Un homme pauvre.*

LE COMPARATIF

– Comparatif de supériorité **más... que** :
Manuel es más simpático que Juan. *Manuel est plus
sympathique que Juan.*

– Comparatif d'égalité **tan... como** :
Manuel es tan simpático como Juan. *Manuel est aussi
sympathique que Juan.*

– Comparatif d'infériorité **menos... que** :
Manuel es menos simpático que Juan : *Manuel est
moins sympathique de Juan.*

Il existe en espagnol quatre comparatifs irréguliers :

bueno - mejor	*meilleur*
malo - peor	*pire*
grande - mayor	*plus grand, âgé/e*
pequeño - menor	*plus petite*

Este vino es mejor. *Ce vin est meilleur.*
Mi hermana Montse es menor que yo. *Ma sœur
Montse est plus petite que moi.*

LE SUPERLATIF

Le superlatif peut être relatif ou absolu.

Le superlatif relatif peut être de supériorité ou d'infériorité :

– supériorité : **el/la/los/las más... (de)**
  Es la más inteligente de todas. *C'est la plus intelligente de toutes.*

– infériorité : **el/la/los/las menos... (de)**
  Son los menos responsables. *Ce sont les moins responsables.*

LE SUPERLATIF ABSOLU

Le superlatif absolu se forme avec :

– le suffixe **-ísimo** en remplaçant la voyelle finale de l'adjectif ou en l'ajoutant à la consonne finale :
  grande *grand* **grandísimo** *très grand*
  personal *personnel* **personalísimo** *très personnel*
  delgado *mince* **delgadísimo** *très mince*

  – les préfixes **re, requete, super, extra**...

  Está requetebien hecho. *C'est super (très) bien fait.*
  El papel es super fino. *Le papier est très fin.*

– muy devant l'adjectif :
  El agua está muy fría. *L'eau est très froide.*
  Es muy simpático. *Il est très sympathique.*
  Eramos muy felices. *Nous étions très heureux.*

LES DÉMONSTRATIFS

Les démonstratifs indiquent la situation dans l'espace ou dans le temps. Ils s'accordent en genre et en nombre avec le nom qu'ils déterminent.
Il existe trois séries de démonstratifs. Chacune correspond à une personne ou à un lieu.

LES ADJECTIFS DÉMONSTRATIFS

		yo/aquí/*ici*	tú/ahí/*là*	él/allí/au loin
Singulier	masc.	**este**	**ese**	**aquel**
	fém.	**esta**	**esa**	**aquella**
Pluriel	masc.	**estos**	**esos**	**aquellos**
	fém.	**estas**	**esas**	**aquellas**

Le choix du démonstratif se fait par rapport à la position du sujet qui parle :

este, esta... désignent une personne, un objet ou un événement proche dans l'espace, le temps ou le discours.
Este libro es muy intersante. *Ce livre est très intéressant.*

ese, esa... désignent une personne, un objet ou un événement plus éloigné :
Esa librería de la esquina. *Cette librairie du coin.*

aquel, aquella... désignent une personne, un objet ou un événement très éloigné :
Aquellos días que pasamos juntos el año pasado. *Ces jours que nous avons passés ensemble l'année dernière.*

LES PRONOMS DÉMONSTRATIFS

Les pronoms démonstratifs se différencient des adjectifs démonstratifs par la présence de l'accent tonique écrit (obligatoire en cas d'ambiguïté).

		yo//aquí	tú/ahí	él/allí
Singulier	masc.	éste	ése	aquél
	fém.	ésta	ésa	aquélla
Pluriel	masc.	éstos	ésos	aquéllos
	fém.	éstas	ésas	aquéllas
Neutre	masc.	esto	eso	aquellos

El mío es éste. *Le mien, c'est celui-ci.*
Ése me pone de los nervios. *Celui-là me rend nerveux.*
Aquéllos que estén de acuerdo, pueden irse. *Ceux qui seront d'accord, peuvent partir.*

Les pronoms neutres sont invariables.
Esto es intolerable. *C'est intolérable.*
Eso fue maravilloso. *Ce fut merveilleux.*
Aquello sucedió en 1989. *C'est arrivé en 1989.*

Expressions :
en esto, *sur ce.*
por eso, *c'est pourquoi.*
eso es, *c'est cela.*

LES INDÉFINIS

Les indéfinis expriment une idée plus ou moins précise de quantité ou de qualité.
Ils s'accordent généralement en genre et/ou en nombre avec le nom qu'ils déterminent.

Quelques indéfinis :

✓ **algo/nada** (pronoms invariables) : *quelque chose/ rien.*
¿Has hecho algo ? – **Nada**. *As-tu fait quelque chose ? – Rien.*

Lorsque **nada** est placé avant le verbe, la négation **no** n'est pas utilisée :
Nada me interesa. *Rien ne m'intéresse.*

algo/nada (employés comme adverbes) : *un peu/pas du tout.*
Estoy algo triste. *Je suis un peu triste.*
No estoy nada contento. *Je ne suis pas content du tout.*

✓ **alguien/nadie** (pronoms) : *quelqu'un/ personne.*
¿Esperas a alguien ? – **A nadie**. *Attends-tu quelqu'un ? – Non, personne.*

Lorsque **nadie** précède le verbe, la négation **no** n'est pas utilisée : **Nadie viene**. *Personne ne vient.*

✓ **alguno/a/os/as** et **ninguno/a/os/as** (adjectifs ou pronoms) : *quelque/s* et *aucun/e/s/es*. Ils s'accordent avec le nom qu'ils qualifient ou qu'ils remplacent.
¿Tienes alguno en particular ? – **No tengo ninguno**. *Tu en as quelques-uns en particulier ? – Non, je n'en ai aucun.*

Devant un nom masculin singulier, **alguno** et **ninguno** deviennent **algún**, **ningún**.

En ningún momento me di cuenta. *Je ne me suis rendu compte à aucun moment.*

Dans une phrase négative, **alguno**, placé après le nom, prend le sens de *aucun* :

No dio ninguna pista. *Il n'a donné aucune piste.*
No dio pista alguna. *Il n'a donné aucune piste.*

Placés après le verbe, **ninguno, ningún, ninguna** suppriment la négation :

No se presentó ninguno/ninguno se presentó. *Aucun ne s'est présenté.*

✓ **mucho/a/os/as ; poco/a/os/as ; demasiado/a/os/as, bastante/s** (adjectifs ou pronoms) : *beaucoup, peu, trop, assez.*

Tenemos mucho dinero. *Nous avons beaucoup d'argent.*
Tiene poca imaginación. *Elle a peu d'imagination.*
Somos demasiadas. *Nous sommes trop (nombreuses).*
Eramos bastantes. *Nous étions assez (nombreux).*

Placés devant un adjectif qualificatif ou bien qualifiant un verbe ou un adverbe, **demasiado, bastante, mucho, poco** sont invariables :

Son muy guapas pero demasiado imbéciles. *Elles sont très belles, mais trop imbéciles.*
Estamos bastante cansados. *Nous sommes assez fatigués.*

✓ **todo/a/os/as** (adjectif ou pronom) : *tout/e/s/es.*

Me contó toda la película. *Il m'a raconté tout le film.*
Vimos a todos. *Nous les avons tous vus.*

todo peut être pronom neutre :

Todo estaba claro. *Tout était clair.*
No puedo con todo. *Je ne m'en sors pas.*

Lorsque **todo** est C.O.D., il est annoncé par **lo** :
    Lo entendió todo. *Il a tout compris*.
    Lo hizo de maravilla. *Il l'a fait merveilleusement bien*.

✓ **cada** (invariable) : *chaque, tous les...*
    Cada mes, cada cinco días. *Chaque mois, tous les cinq jours*.

Suivi de **uno** ou de **una**, il équivaut à *chacun, chacune*.
    A cada uno con sus gustos. *À chacun ses goûts*.
    A cada una con sus ambiciones. *À chacune ses ambitions*.

✓ **cualquier, cualquiera** (adjectif ou pronom) : *n'importe lequel, quelconque, n'importe quel, n'importe qui...*
    En cualquier hora, a una hora cualquiera. *À n'importe quelle heure, à une heure quelconque*.
    Cualquiera lo hubiera entendido. *N'importe qui l'aurait compris*.

✓ **otro/a/os/as** (adjectif ou pronom) : *autre/s*.
    Tiene otras preferencias. *Il a d'autres préférences*.
    Los otros dirán. *Les autres diront*.

otro n'est jamais précédé de l'article indéfini :
    Es otro modelo. *C'est un autre modèle*.
    Quiero otro. *J'en veux un autre*.

otro est placé devant un numéral :
    Llegaron otros diez. *Dix autres sont arrivés*.

✓ **los/las demás**, *tous/toutes les autres*.
    Yo dije sí pero los demás se callaron. *Moi, j'ai dit oui, mais tous les autres se sont tus*.
    Escogieron a una y las demás se fueron. *On en a choisi une et les autres sont parties*.

✓ **tanto/a/os/as** (adjectif ou pronom) : *autant (de)*.
    ¡ No me eches tanta agua ! *Ne me verse pas autant d'eau !*

No pudo resolver tantos obstáculos. *Il n'a pas pu résoudre autant d'obstacles.*

tanto/a/os/as... como : *autant que.*
Tantas veces como quieras. *Autant de fois que tu voudras.*
Tanto como decías. *Autant que tu disais.*

tanto/a/os/as... que : *Autant que.*
Somos tantos que no cabemos. *Nous sommes si nombreux que nous ne tenons pas.*

✓ **tal/es,** *tel/telle/tels/telles.*
Pas d'article défini devant un nom commun singulier :
No esperaba tal contestación. *Je ne m'attendais pas à une telle réponse.*
Tales comportamientos están prohibidos. *De tels comportements sont interdits.*

Un article défini devant un nom ou un pronom (*un/une certain/e*).
Una tal Lucía ha pasado a verte. *Une certaine Lucia est passée te voir.*

✓ **ambos/as,** *tous/tes les deux/les deux.*
Estuvieron presentes ambas parejas. *Les deux couples ont été présents.*
Ambos conciertos tienen lugar el lunes. *Les deux concerts ont lieu le lundi.*

LES NUMÉRAUX

LES ADJECTIFS NUMÉRAUX CARDINAUX

0 cero	10 diez	20 veinte	100 ciento/cien
1 uno/un	11 once	21 veintiuno	101 ciento uno, etc
2 dos	12 doce	22 veintidós	200 doscientos, as
3 tres	13 trece	30 treinta	300 trescientos, as
4 cuatro	14 catorce	40 cuarenta	400 cuatrocientos, as
5 cinco	15 quince	50 cincuenta	500 quinientos, as
6 seis	16 dieciséis	60 sesenta	600 seiscientos, as
7 siete	17 diecisiete	70 setenta	700 setecientos, as
8 ocho	18 dieciocho	80 ochenta	800 ochocientos, as
9 nueve	19 diecinueve	90 noventa	900 novecientos, as

Remarquez les irrégularités de : **quinientos, setecientos, novecientos**.

1000	mil
1040	mil cuarenta
1900	mil novecientos
2000	dos mil
5500	cinco mil quientos
10 000	diez mil
100 000	cien mil
1 000 000	un millón
2 000 000	dos millones
1000 000 000	mil millones
101^2	un billón

Notez que :

– la conjonction **y** ne se met qu'entre les dizaines et les unités :
Somos ochenta y uno. *Nous sommes 81.*

– à partir de 30 on sépare les dizaines et les unités :
Tengo cincuenta y cinco años. *J'ai 55 ans.*
Exception : **Las mil y una noches**. *Les Mille et Une Nuits.*

42

– seuls les cardinaux **uno** et les centaines de 200 à 900 varient
en genre :
Veintiún millones. *21 millions.*
Veintiuna libras. *21 livres.*
Trescientos euros. *300 euros.*
Quinientas mil televisiones. *500 000 télévisions.*

– **uno** devient **un** devant un nom masculin pluriel :
Tengo uno sólo. *J'en ai un seul.*
Tengo treinta y un discos. *J'ai trente et un disques.*

– **ciento** devient **cien** devant un nom masculin ou féminin, **mil**
et **millones** :
Cien libros de arte. *Cent livres d'art.*
Cien mil millones. *Cent mille millions.*
Hay cien. *Il y en a cent.*

– **mil** est toujours invariable :
Mil mujeres y hombres. *Mille femmes et mille hommes.*

LES ADJECTIFS NUMÉRAUX ORDINAUX

1er primero/primer	20e vigésimo
2e segundo	21e vigésimo primero
3e tercero/tercer	30e trigésimo
4e cuarto	40e cuadragésimo
5e quinto	50e quincuagésimo
6e sexto	60e sexagésimo
7e séptimo	70e septuagésimo
8e octavo	80e octogésimo
9e noveno	90e nonagésimo
10e décimo	100e centésimo
11e undécimo	1 000e milésimo
12e duodécimo	1 000 0000e millonésimo
13e décimo tercero	
dernier postrero	

Notez que :
– tous ces adjectifs s'accordent en genre et en nombre.

– à partir du onzième, l'espagnol préfère utiliser l'adjectif cardinal :
El tomo cuarto. *Le quatrième tome.*
Luis XV (quince). *Louis XV.*

– **primero, tercero** et **postrero** deviennent **primer, tercer** et **postrer** devant un nom masculin singulier :
El primer capítulo. *Le premier chapitre.*

LES POSSESSIFS

LES ADJECTIFS POSSESSIFS

Ils ont deux formes selon qu'ils précèdent ou suivent le nom.

Les adjectifs qui précèdent le nom :

Singulier		Pluriel	
mi	mon, ma	**mis**	mes
tu	ton, ta	**tus**	tes
su	son, sa	**sus**	ses
nuestro, a	notre	**nuestros, as**	nos
vuestro, a	votre	**vuestros, as**	vos
su	leur	**sus**	leurs

Vino con tu hermana. *Il est venu avec ta sœur.*
Son vuestros bolígrafos. *Ce sont vos stylos.*
Es su amante. *C'est son amant.*

Notez que **su** et **sus** (3ᵉ personne) ont plusieurs traductions :
   Me gusta su abrigo. *J'aime son/ leur/votre* (forme de politesse) *manteau.*
   Me gustan sus flores. *J'aime ses/vos/leurs* (forme de politesse) *fleurs.*

Les adjectifs qui suivent le nom :

Singulier		Pluriel	
mío, a	mon, ma	**míos, as**	mes
tuyo, a	ton, ta	**tuyos, as**	tes
suyo, a	son, sa	**suyos, as**	leurs

nuestro, a	*notre*	nuestros, as	*nos*
vuestro, a	*votre*	vuestros, as	*vos*
suyos, as	*leur*	suyos, as	*leur*

Es problema tuyo. *C'est ton problème.*
Son asuntos suyos. *Ce sont ses/ leurs affaires.*

En espagnol, les adjectifs possessifs sont moins employés qu'en français :

Quítate el abrigo. *Enlève ton manteau.*
Me han robado la bicicleta. *On a volé mon vélo.*

LES PRONOMS POSSESSIFS

Ils s'obtiennent en mettant l'article défini devant la forme de l'adjectif placé après le nom.

He perdido mis papeles pero no los tuyos. *J'ai perdu mes papiers, mais pas les tiens.*
¿Son las tuyas ? – No, son las suyas. *Ce sont les tiennes ? – Non, ce sont les siennes/leurs.*

L'EMPLOI DES POSSESSIFS

– après le verbe **ser** pour exprimer la possession :
Son suyas. *Ce sont les siennes/leurs.*
Es nuestro. *C'est à nous.*

– après le nom dans certaines tournures :
Muy señor mío. *Cher Monsieur.*
Muy señora mía. *Chère Madame.*

– après le nom précédé ou non par un autre déterminant :
Tuvo muchísimos regalos vuestros. *Il a reçu énormément de cadeaux de votre part.*
Es para nuestra casa. *C'est pour notre maison.*

– pour traduire les tournures françaises : *ce qui est à... en ce qui concerne*, etc.

Lo mío, mío y lo tuyo de entrambos. *Ce qui est à moi est à moi, ce qui est à toi est à nous deux.*

LES PRONOMS PERSONNELS

LES PRONOMS PERSONNELS SUJETS

	Singulier	Pluriel
1re personne	**yo**	**nosotros, nosotras**
2e personne	**tú**	**vosotros, vosotras**
3e personne	**él, ella, usted**	**ellos, ellas, ustedes**

Yo canto. *Je chante.*
Nosotras estamos hartas. *Nous en avons assez.*
Usted es un idiota. *Vous êtes un idiot.*

À noter les formes féminines des 1re et 2e personnes du pluriel qui n'existent pas en français.
Vosotras sois diseñadoras. *Vous êtes designers.*
Nosotras queremos estudiar biología. *Nous voulons étudier la biologie.*

L'emploi des pronoms personnels en espagnol n'est pas fréquent, la terminaison du verbe suffit à identifier le sujet :
Voy al cine todos los días. *Je vais au cinéma tous les jours.*
Pido una taza de té. *Je demande une tasse de thé.*
Vimos la última película de Almodóvar. *Nous avons vu le dernier film d'Almodóvar.*

Cependant ils sont employés dans les cas suivants :
– Pour éviter une confusion quand le verbe a la même terminaison pour des personnes différentes :
Ella creía que yo lo iba a hacer. *Elle pensait que j'allais le faire.*

No quiero que sea él quien presente el programa. *Je ne veux pas que ce soit lui qui présente le programme.*

– Pour marquer une opposition entre deux personnes :
El se iba a Madrid y ella a París. *Il partait pour Madrid, et elle pour Paris.*
Nosotras diseñábamos los modelos y ellos los vendían. *Nous concevions les modèles et eux les vendaient.*

– Pour marquer l'insistance (ils sont traduits en français par deux pronoms) :
Ellos aceptaron el contrato pero yo no quise. *Ils ont accepté le contrat, mais moi, je n'ai pas voulu.*
Tú llorabas y él cantaba. *Tu pleurais et lui, il chantait.*

– Quand il y a absence de verbe et après y, **ni**, **o** :
¿Quién va a escribirlo y editarlo ? ¿Tú o yo ? – Ni tú ni yo, ellos. *Qui va l'écrire et l'éditer, toi ou moi ? – Ni toi ni moi, eux.*

Le pronom neutre **ello**, *ceci*, *cela*, est devenu rare comme sujet. On préfère employer les démonstratifs **esto**, **eso**, **aquello**.
Ello (eso) me gusta. *Ceci me plaît.*

TUTOIEMENT ET VOUVOIEMENT EN ESPAGNOL

Le tutoiement est beaucoup plus fréquent en espagnol qu'en français.

– pour tutoyer une seule personne, on emploie la 2e personne du singulier, **tú** :
¿Quién eres ? *Qui es-tu ?*
¿Dónde andabas ? *Où étais-tu passé ?*

– pour tutoyer plusieurs personnes, on emploie la 2e personne du pluriel, **vosotros**, **vosotras** :
¿Quiénes sois vosotros ? *Qui êtes-vous ?*

– pour vouvoyer une seule personne, on emploie la 3ᵉ personne du singulier, **usted** :
¿Qué tal está usted ? *Comment allez-vous ?*
No quería preguntárselo (a usted). *Je ne voulais pas vous le demander.*

– pour vouvoyer plusieurs personnes, on emploie la 3ᵉ personne du pluriel, **ustedes** :
¿Qué tal están ustedes ? *Comment allez-vous ?*
No quería preguntárselo (a ustedes). *Je ne voulais pas vous le demander.*

Abréviation de :
Usted = Ud.
Ustedes = Uds.

LE PRONOM FRANÇAIS *ON*

On peut être traduit par :
– la 1ʳᵉ personne du pluriel. *On = nous :*
Vamos a bailar. *On va danser.*
Comemos paella. *On va manger de la paëlla.*

– **se** + 3ᵉ personne du singulier ou du pluriel. *On* = les gens, en général :
Se pone el cuchillo a la derecha/Se ponen los cuchillos a la derecha. *On met le/s couteau/x à droite.*
Aquí se fuma mucho. *On fume trop ici.*

– après les verbes d'opinion, **decir,** *dire,* **pensar,** *penser... On* = les gens, en général :
Dicen que hablas bien francés. *On dit que tu parles bien le français.*
Piensan que eres muy valiente. *On pense que tu es très courageux.*

– **uno/una.** *On* = moi.
Uno cree que es mejor. *On pense que c'est mieux.*

50

Una piensa que todos somos iguales. *On pense qu'on est tous pareils.*

LES PRONOMS PERSONNELS COMPLÉMENTS

Il existe deux formes : les pronoms compléments d'objet direct et les pronoms compléments d'objet indirect.

Les pronoms compléments d'objet direct /C.O.D.

	Singulier		Pluriel	
1re personne	**me**	*me*	**nos**	*nous*
2e personne	**te**	*te*	**os**	*vous*
3e personne	**lo, le, la**	*le, la*	**los, las**	*les*

Les pronoms compléments d'objet indirect /C.O.I.

	Singulier		Pluriel	
1re personne	**me**	*me*	**nos**	*nous*
2e personne	**te**	*te*	**os**	*vous*
3e personne	**le**	*lui*	**les**	*leur*

Les pronoms compléments C.O.D.

Les pronoms compléments C.O.D. remplacent des noms féminins ou masculins, animés ou inanimés.

la, las remplacent un nom féminin, animé ou inanimé, singulier ou pluriel :
   Compro <u>flores</u> - <u>Las</u> compro. *J'achète des fleurs. Je les achète.*
   Escucha <u>a Joan Manuel Serrat</u> – <u>Le escucha</u>. *Il écoute Jean Manuel Serrat. Il l'écoute.*

lo, los remplacent un nom masculin inanimé, singulier ou pluriel :

Quiero un zumo – **Lo quiero**. *Je veux un jus. Je le veux.*

Quiero un zumo y un café – **Los quiero**. *Je veux un jus et un café. Je les veux.*

lo/le, los/les remplacent un nom masculin animé, singulier ou pluriel :

Hemos visto a tu padre – **Le/lo hemos visto**. *Nous avons vu ton père. Nous l'avons vu.*

Hemos visto a tus padres – **Les/los hemos visto**. *Nous avons vu tes parents. Nous les avons vus.*

Aux deux 1res personnes du singulier et du pluriel, les pronoms s'emploient comme en français :

Me habla y te mira. *Il me parle et il te regarde.*

Nos espera en la estación. *Il nous attend à la gare.*

Os vamos a acompañar. *Nous allons vous accompagner.*

Les pronoms compléments C.O.I. remplacent des noms animés.

le/les ont la même forme pour le masculin et pour le féminin :

Le digo (a Clara/ a Manuel/ a usted). *Je lui dis (à Clara, à Manuel, à vous* (vouvoiement).

Les digo (a Clara y a Manuel). *Je leur dis.*

Les digo (a ustedes). *Je vous dis* (vouvoiement).

Le/les sont souvent employés alors que le nom (complément d'objet indirect) est déjà exprimé :

Les dije a Clara y a Manuel que les quería. *J'ai dit à Clara et à Manuel que je les aimais.*

Les pidió a los alumnos que se callaran. *Elle a demandé aux élèves de se taire.*

La place des pronoms compléments

En espagnol, le pronom C.O.I est toujours placé avant le C.O.D. :

Me lo ofreció. *Il me l'a offert.*
Nos la presentó. *Il nous l'a présentée.*

Le pronom C.O.I. **le/les** devient **se** quand il précède un pronom C.O.D. de la 3ᵉ personne, **lo/le/la/los/la** :

Se lo conté. *Je le lui ai raconté.*
Se las compró. *Il les leur a achetées.*
Se los regalé (a usted) : *Je vous les ai offerts* (vous de politesse).

Les pronoms compléments se placent toujours devant le verbe sauf à l'infinitif, au gérondif et à l'impératif affirmatif, et se soudent à lui (l'enclise) :

– avant le verbe en règle générale :
Lo dice. *Il le dit.*
Se lo dice. *Il le lui dit.*

– après l'infinitif :
Tiene que decirlo. *Il doit le dire.*
Tiene que decírselo. *Il doit le lui dire.*

– après le gérondif :
Está diciéndolo. *Il est en train de le dire.*
Está diciéndoselo. *Il est en train de le lui dire.*

– après l'impératif affirmatif :
Dilo. *Dis-le.*
Díselo. *Dis-le-lui.*

Toutefois, si l'infinitif et le gérondif sont précédés d'un verbe semi-auxiliaire (**ir**, *aller* ; **estar**, *être* ; **seguir**, *continuer*, etc.), le ou les pronoms peuvent se placer avant le verbe semi-auxiliaire :

– semi-auxiliaire + infinitif
Lo tiene que decir. *Il doit le dire.*
Se lo tiene que decir. *Il doit le lui dire.*

– semi-auxiliaire + gérondif
Lo está diciendo. *Il est en train de le dire.*
Se lo está diciendo. *Elle est en train de le lui dire.*

Mais pour l'impératif négatif, **le** ou **les** pronoms compléments restent devant le verbe :

– impératif négatif :
No lo digas. *Ne le dis pas.*
No se lo digas. *Ne le lui dis pas.*

Les pronoms personnels après une préposition

	Singulier	Pluriel
1re personne	**mí** *moi*	**nosotros, as** *nous*
2e personne	**ti** *toi*	**nosotros, as** *nous*
3e personne	**él, ella, usted** *lui, elle, vous*	**ellos, ellas, ustedes** *eux, elles, vous*

Lo hago por mí/nosotros. *Je le fais pour moi/nous.*
Lo compro para ti/vosotros. *Je l'achète pour toi/vous.*
Pienso en él/ella/usted. *Je pense à lui/elle/vous* (forme de politesse).
Va con ellos/ellas/ustedes. *Il va avec eux/elles/vous* (forme de politesse).

après **según**, *selon,* **incluso**, **hasta**, *même,* **menos**, **salvo**, *sauf,* **entre**, *entre,* on utilise les pronoms sujets **tú** et **yo** :
Entre tú y yo está todo acabado. *Entre toi et moi, tout est fini.*
Todos lo sabían menos él. *Ils le savaient tous sauf lui.*

avec la préposition **con**, *avec,* on a les formes **conmigo**, *avec moi,* **contigo**, *avec toi,* **consigo**, *avec soi* (voir les pronom réfléchis).
Está conmigo. *Il est avec moi.*
Me gusta estar contigo. *J'aime être avec toi.*
No confía en sí (misma). *Elle n'a pas confiance en elle.*

LES PRONOMS PERSONNELS RÉFLÉCHIS

	Singulier		Pluriel	
1re personne	**me**	*me*	**nos**	*nous*
2e personne	**te**	*te*	**os**	*vous*
3e personne	**se**	*se*	**se**	*se*
	sí	**soi**	*sí*	**soi**

Ces pronoms réfléchis sont employés pour conjuguer les verbes pronominaux :

Me levanto a las siete. *Je me lève à sept heures*.
No nos hablamos. *Nous ne nous parlons pas*.

Le pronom **sí** désigne la même personne que le sujet et il n'est employé que précédé d'une préposition :

Se habla a sí mismo. *Il se parle à lui-même*.

Notez que précédée de la préposition **con**, la forme réfléchie est **consigo**.

Hay que llevar siempre consigo un documento de identidad. *Il faut toujours avoir sur soi une pièce d'identité*.

LES PRÉPOSITIONS

Voici les prépositions espagnoles :

a	*à*	**hacia**	*vers*
ante	*devant*	**hasta**	*jusqu'à*
bajo	*sous*	**para**	*pour*
cabe	*près de*	**por**	*pour*
con	*avec*	**según**	*selon*
contra	*contre*	**sin**	*sans*
de	*de*	**so**	*sous (inusité)*
desde	*de, depuis*	**sobre**	*sur*
entre	*entre, parmi*	**tras**	*derrière*
en	*en, dans*		

et les principales locutions prépositives :

a causa de	*à cause de*
pese a/a pesar de	*malgré*
al cabo de	*au bout de*
antes de	*avant*
(con) respecto a	*par rapport à*
alrededor de	*autour de*
cerca de	*près de*
enfrente de	*en face de*
a fin de	*afin de*
a través de	*à travers*
junto a	*à côté de*
después de	*après*
al lado de	*à côté de*
tocante a	*au sujet de*
lejos de	*loin de*
fuera de	*hors de*, etc.

1. la préposition **a** :

– après un verbe ou un nom qui expriment le mouvement :
Vamos a Granada. *Nous allons à Grenade.*
Bajamos a la playa. *Nous descendons à la plage.*

– pour indiquer le mouvement vers un lieu précis :
Espérame a la salida del cine. *Attends-moi à la sortie du cinéma.*
Me pongo a la sombra. *Je me mets à l'ombre.*

– verbe de mouvement + **a** + infinitif :
Llegaron a entenderse. *Ils sont arrivés à s'entendre.*
Vinieron a beber una copa. *Ils sont venus prendre un verre.*

– **ir a** + infinitif/*aller* + infinitif :
Nos vamos a bailar. *Nous allons danser.*
Se fueron a visitar Europa. *Ils sont partis visiter l'Europe.*

– pour indiquer le temps :
Estamos a 25 de septiembre. *Nous sommes le 25 septembre.*
Entra a las ocho. *Il entre à huit heures.*

– pour indiquer la fréquence :
Dos veces al mes. *Deux fois par mois.*
Va a la universidad tres días a la semana. *Elle va à l'université trois jours par semaine.*

– pour annoncer un C.O.D. de personne :
Conozco a Carmen. *Je connais Carmen.*
No veo a nadie. *Je ne vois personne.*
He visto a tu compañero. *J'ai vu ton copain.*

a carcajadas	*aux éclats*
a ciegas	*à l'aveuglette*
a lo más	*tout au plus*
a escondidas	*en cachette,* etc.

2. La préposition **en** :

Pour indiquer le lieu :

– le verbe n'indique pas le mouvement :
  Estamos en casa. *Nous sommes à la maison.*
  Trabaja en la oficina. *Il travaille au bureau.*

– le verbe indique le mouvement (**entrar, penetrar, introducirse, ingresar**), verbes qui expriment l'idée d'entrer :
  Entró en su habitación. *Il est entré dans sa chambre.*
  Ingresé en el hospital hace cuatro días. *Je suis rentré à l'hôpital il y a quatre jours.*

– pour indiquer un moment, une période ou une époque :
  Nació en 1933. *Elle est née en 1933.*
  La guerra terminó en 1939. *La guerre s'est terminée en 1939.*

  Mais, pour indiquer le délai dans l'avenir :
  Llego dentro de una hora. *J'arrive dans une heure.*
  Tengo que entregar el manuscrito dentro de seis meses. *Je dois rendre le manuscrit dans six mois.*
  en broma *pour rire* **en secreto** *en secret*
  en total *en tout* **en serio** *sérieusement*, etc.

3. la préposition **de** :

– pour indiquer une caractéristique essentielle :
  Una chica de ojos negros. *Une fille aux yeux noirs.*
  Una televisión de pantalla plana. *Une télévision avec un écran plat.*

– pour indiquer l'origine :
  Soy de Perú. *Je viens du Pérou.*
  Son chinos. *Ils sont chinois.*

– pour indiquer la possession, la matière :
  El balón es de Miguel. *Le ballon est à Miguel.*

Las pulseras son de plata. *Les bracelets sont en argent.*

– pour indiquer une activité :
Trabajo de mecánico. *Je travaille comme mécanicien.*
Estamos de peluqueros. *Nous travaillons comme coiffeurs.*

– pour indiquer la date :
20 de febrero de 1960. *Le 20 février 1960.*
Estamos a martes. *Nous sommes mardi.*

– **de** + infinitif pour indiquer la condition :
De tener dinero dejaría de trabajar. *Si j'avais de l'argent, j'arrêterais de travailler.*
De ser presidente acabaría con el racismo. *Si j'étais président, j'en finirais avec le racisme.*

de día	*le jour*	**de niño**	*quand il était jeune*
de pie	*debout*	**de veras**	*vraiment,* etc.

4. la préposition **con** :

– pour indiquer l'accompagnement :
Estudia con su hermano. *Elle étudie avec son frère.*

– pour indiquer le moyen, la manière :
Habló con delicadeza. *Il a parlé avec délicatesse.*

con todo	*malgré tout*
salirse con la suya	*avoir gain de cause*
para con	*envers*
con sólo	*il suffit de,* etc.

5. la préposition **por** :

– pour exprimer la cause, le motif d'une action :
Lucho por la libertad. *Je lutte pour la liberté.*
Si le soporto es por aprender a conducir. *Si je le supporte c'est pour apprendre à conduire.*

– pour indiquer le sentiment porté à quelqu'un :
Lo hicieron por él. *Ils l'ont fait pour lui.*
Se queda en casa por sus hijos. *Il reste à la maison pour ses enfants.*

– pour indiquer le temps :
de façon approximative :
Regreso por Navidad. *Je reviens vers Noël.*
Inauguraremos la galería por julio. *Nous inaugurerons la galerie vers juillet.*

dans la durée :
Me voy por unos dias. *Je pars pour quelques jours.*
Desapareció por unos años. *Il a disparu pendant quelques années.*

dans un moment de la journée :
Venía por las tardes. *Il venait les après-midi.*

– pour indiquer le lieu :
lieu de passage :
Pasamos por Noruega. *Nous sommes passés par la Norvège.*
Estuvo por el sur de España. *Elle a été dans le sud de l'Espagne.*

mouvement à l'intérieur d'un endroit :
Caminan por la acera. *Ils marchent sur le trottoir.*
Pasaron por el puente de Bilbao. *Ils sont passés par le pont de Bilbao.*

– pour indiquer le prix, l'échange, l'équivalence :
Compró un collar por cinco euros. *Elle a acheté un collier pour cinq euros.*
Te cambio tu pantalón por el mío. *J'échange mon pantalon contre le tien.*

– pour exprimer un choix, un engagement :
Voto por ella. *Je vote pour elle.*

Me comprometo por mis padres. *Je m'engage pour mes parents.*

– **estar/quedar por** + infinitif :
Eso está por hacer. *Cela reste à faire.*
Queda por demostrar. *Cela reste à démontrer.*

– pour introduire le complément d'agent de la voix passive :
Fue proclamado por el presidente. *Il fut nommé par le président.*
La obra es leída por el autor. *La pièce est lue par l'auteur.*

– avec certains verbes indiquant l'effort, la volonté, l'intérêt :

afanarse por	*s'évertuer à*
interesarse por	*s'intéresser à*

por cierto	*au fait*	**por lo visto**	*apparemment*
por fin	*enfin*	**por lo menos**	*au moins*, etc.

6. la préposition **para** :

– pour exprimer le but, la finalité, la destination :
Hay que trabajar para ganar dinero. *Il faut travailler pour gagner de l'argent.*
Debes crecer para ser independiente. *Tu dois grandir pour devenir indépendante.*

– pour exprimer l'attribution :
Es para vosotros. *C'est pour vous.*
Prepara la comida para el grupo. *Elle prépare à manger pour le groupe.*

– pour indiquer le point de vue :
Para él estaba clarísimo. *Pour lui c'était très clair.*
Para mí todo es posible. *Pour moi tout est possible.*

– pour indiquer le temps d'une façon plus précise que **por** :
Estará listo para mañana. *Ce sera prêt pour demain.*

Prepara las oposiciones para el año que viene. *Elle prépare un concours pour l'année prochaine.*

– pour indiquer la direction :
   El avión para Marruecos. *L'avion pour le Maroc.*
   Me voy para el Caribe. *Je pars pour les Caraïbes.*

– **estar para** + infinitif :
   Estaba para llamarte. *J'étais sur le point de t'appeler.*

para nada	*pas du tout*
no estar para bromas	*ne pas être d'humeur à plaisanter*
estar para comérselo	*être beau à croquer.*
echarse para atrás	*se rétracter*, etc.

LE GROUPE VERBAL

L'EMPLOI DES TEMPS

L'INDICATIF

Le présent

L'emploi du présent de l'indicatif en espagnol est très similaire à celui du français :

Carmen vive en Burgos. *Carmen habite Burgos.*
Me gusta vivir en París. *J'aime vivre à Paris.* ·

Il peut avoir le sens d'un futur :

La próxima vez vamos a tu casa. *La prochaine fois, nous allons chez toi.*
El Renacimiento aparece en el siglo XV. *La Renaissance apparaît au XVᵉ siècle.*

L'imparfait

L'emploi de l'imparfait de l'indicatif est très similaire à celui du français. Il est employé pour exprimer la description; la répétition et l'habitude au passé.

Siempre decía lo mismo. *Il disait toujours la même chose.*
Mi abuela hablaba muy poco. *Ma grand-mère parlait très peu.*

Le passé simple

À la différence du français, il est employé en espagnol à l'écrit comme à l'oral. Il exprime une action déjà accomplie dans le passé. Il se traduit souvent par le passé composé français. C'est le temps de la narration.

El año pasado me compré un piso. *L'année dernière, j'ai acheté un appartement.*

Ayer empezaron las vacaciones. *Les vacances ont commencé hier.*

Le passé composé

Il exprime une action accomplie dans le passé dans un temps considéré par le sujet qui s'exprime comme au présent.

Esta mañana me he tomado un café. *Ce matin, j'ai pris un café.*

Este año hemos ido a menudo al cine. *Cette année nous sommes allés souvent au cinéma.*

L'auxiliaire **haber** et le participe passé ne sont pas séparés.

Has hecho muy bien. *Tu as très bien fait.*

Ha crecido mucho. *Il a beaucoup grandi.*

Le participe passé est toujours invariable.

Les ha conocido esta mañana. *Il les a connus ce matin.*

La he visto pasar. *Je l'ai vue passer.*

Le plus-que-parfait

Il est employé pour exprimer une action antérieure à une autre déjà passée :

Fuimos a verle pero ya se había marchado. *Nous sommes allés le voir, mais il était déjà parti.*

Habíamos terminado cuando se apagó la luz. *Nous avions fini quand la lumière s'est éteinte.*

Le passé antérieur

Il exprime une action accomplie dans le passé antérieur à une autre action aussi passée. Son emploi est très rare en espagnol, il peut être remplacé par un passé simple.

En cuanto hube hablado (hablé) me desmayé. *Dès que j'eus parlé, je me suis évanoui.*

En cuanto hubo cantado nos fuimos. *Dès qu'il eut fini de chanter nous sommes partis.*

Le futur

Comme en français, le futur exprime une action située dans l'avenir.

Dans la phrase principale il se traduit par le futur français. Il n'en est pas de même dans la subordonnée. (*Voir la concordance des temps.*)

Mañana será un día especial. *Demain sera un jour spécial.*

Te daré otra oportunidad. *Je te donnerai une autre chance.*

Pour exprimer un futur de probabilité :

¿Qué hora será ? *Quelle heure peut-il bien être ?*

Me imagino que vendrá. *Je pense qu'il viendra.*

Pour exprimer l'obligation (à la place d'un impératif) :

Vendrás cuando te lo digan. *Tu viendras quand on te le dira.*

Hablaréis si os dejan. *Vous parlerez si l'on vous laisse.*

Parfois il est remplacé par le futur prochain : **ir a** + infinitif :

Vamos a modificar el programa. *Nous allons modifier le programme.*

Iban a restablecer la República. *Ils allaient rétablir la République.*

Le futur antérieur

Il exprime une action à venir antérieure à une autre action future.

Cuando lo hayas explicado, habré entendido. *Quand tu l'auras expliqué, je l'aurai compris.*

Cuando termines se habrá ido. *Quand tu finiras, il sera parti.*

Il peut exprimer également la probabilité dans le passé.
Lo habrá conseguido. *Il a dû réussir.*
Cuando llegue, ya nos habremos bañado. *Quand il arrivera, nous nous serons déjà baignés.*

Conditionnel présent

Il exprime une action future en rapport avec le passé.
Nos prometió que vendría. *Il nous a promis qu'il viendrait.*
Debería de estar aquí. *Il devrait être là.*

Il exprime la probabilité d'un fait passé.
¿Qué querría ? *Que pouvait-il bien vouloir ?*
Estaría bueno si piensa eso. *Ça serait pas mal s'il pensait ça.*

Le conditionnel passé

Il exprime une action à venir, en rapport avec une autre action passée.
Nos prometió que habría venido para cenar. *Il nous a promis qu'il serait là pour dîner.*
Me lo prometió pero nunca lo habría aceptado. *Elle me l'a promis mais je n'aurais jamais accepté.*

Il peut également exprimer la probabilité dans le passé.
En aquel momento no habría podido entenderlo. *À ce moment-là il n'aurait pas pu le comprendre.*
Le habría hecho muy feliz si se lo hubiera podido pagar. *Il aurait été très heureux s'il avait pu le lui payer.*

L'EMPLOI DU SUBJONCTIF

Le subjonctif espagnol n'utilise aujourd'hui que quatre temps : le présent, le passé composé, l'imparfait et le plus-que-parfait.

Le subjonctif est le mode de la subordination, de la probabilité, de l'hypothèse, de la dépendance, du doute.
Il est employé de façon logique et régulière et beaucoup plus fréquemment qu'en français.

– après des verbes qui expriment le souhait, le désir, la crainte, la volonté, l'ordre, le doute, l'interdiction, la prière, le conseil, l'obligation... :
Deseo que me hable. *Je souhaite qu'il me parle.*
Tengo miedo de que se caiga. *J'ai peur qu'il tombe.*
Queremos que vengas. *Nous voulons que tu viennes.*
Dudo que pueda conducir. *Je doute qu'il puisse conduire.*
Te prohíbo que lo digas. *Je t'interdis de le dire.*
Os ruego que me escuchéis. *Je vous prie de m'écouter.*
Me aconseja que lo lea. *Il me conseille de le lire.*
Haz lo que te diga. *Fais ce qu'il te dira.*

– après un verbe d'opinion à la forme négative :
No creía que estuviera preparado. *Il ne pensait pas qu'il aurait été préparé.*
No creo que me escriba. *Je ne pense pas qu'il m'écrira.*

– introduit par **que** pour exprimer un ordre :
Dile que no se suba a la escalera. *Dis-lui de ne pas monter l'escalier.*
Que venga inmediatamente. *Qu'elle vienne tout de suite.*

– après **ojalá** :
Ojalá que llueva. *Pourvu qu'il pleuve* (présent du subjonctif).

Ojalá lloviera. *Si seulement il pleuvait* (imparfait du subjonctif).

– après **aunque**, s'il s'agit d'une possibilité. L'indicatif, s'il s'agit d'un fait certain.
Aunque quieras no puedes. *Même si tu veux, tu ne peux pas.*
Aunque quieres no puedes. *Bien que tu le veuilles, tu ne pourras pas.*

Les conjonctions **a pesar de que, por más que, por mucho que, aun cuando** ont le même sens que **aunque**.
A pesar de que haces idioteces, te quiero. *Bien que tu fasses des bêtises, je t'aime.*
A pesar de que hagas idioteces te querré *Même si tu fais des bêtises, je t'aimerai.*

– après **cuando** si la principale est au futur ou à l'impératif :
Te lo diré cuando lo sepa. *Je te le dirai quand je le saurai.*
Díselo cuando lo sepas. *Dis-le-lui quand tu le sauras.*

– subjonctif après des expressions de regret : **qué lástima, es una pena**...
Qué lástima que tengas que esconderte. *Quel dommage que tu sois obligé de te cacher.*
Es una pena que no haya ganado. *C'est dommage qu'elle n'ait pas gagné.*

– après **quizá, acaso, tal vez**, *peut-être* pour exprimer un doute fort :
Quizá lo sepa ya. *Peut-être le sait-il déjà.*
Tal vez ya lo sabe. *Il le sait probablement déjà* (indicatif, le doute est moins fort).

– dans des expressions de besoin, possibilité, goût :
Es necesario que lo entiendas. *Il faut que tu le comprennes.*

Es posible que no quiera oírlo. *Il se peut qu'il ne veuille pas l'entendre.*
Me gusta que me escuches. *J'aime que tu m'écoutes.*

– dans la phrase conditionnelle : imparfait du subjonctif + conditionnel ; plus-que-parfait du subjonctif + conditionnel passé :
    Si lo supiera no te lo diría. *Si je le savais, je ne te le dirais pas.*
    Si lo hubiera sabido no habría (hubiera) venido. *Si j'avais su je ne serais pas venu.*

Pour des raisons de sonorité, le conditionnel de **haber**, **habría,** est traduit souvent par l'imparfait du subjonctif, **hubiera**.

– après **como si** :
    Hablaba como si yo entendiera todo. *Elle parlait comme si je pouvais tout comprendre.*
    Me trató como si fuera una delincuente. *Elle m'a traitée comme si j'étais une délinquante.*

Généralement le subjonctif français est traduit par le subjonctif espagnol **sauf** :

– après un superlatif
    El la mayor cretina que me ha presentado. *C'est la plus grande crétine qu'il m'ait présentée.*
    Es el más ingenioso que conozco. *C'est le plus ingénieux que je connaisse.*

Concordance des temps avec le subjonctif

Dans la plupart des cas, le subjonctif est employé dans une phrase subordonnée.
En espagnol, il est impératif de respecter la concordance des temps.

- Présent du subjonctif si le verbe de la principale est au présent, au futur, à l'impératif et au passé composé :
  Desea que le llames. *Il souhaite que tu l'appelles.*
  Deseará que le llames. *Il souhaitera que tu l'appelles.*
  Ha deseado que le llames. *Il a souhaité que tu l'appelles.*

- Imparfait du subjonctif si le verbe de la principale est au passé, imparfait, plus-que-parfait, passé simple, conditionnel.
  Deseó que le llamase. *Il a voulu que je l'appelle.*
  Deseaba que le llamase. *Il voulait que je l'appelle.*
  Desearía que le llamase. *Il souhaiterait que je l'appelle.*

LES VERBES RÉGULIERS

Les verbes réguliers

Il existe trois groupes ou conjugaisons d'après la terminaison de leur infinitif :

1er groupe : infinitif en **-AR**
2e groupe : infinitif en **-ER**
3e groupe : infinitif en **-IR**

Formation des temps simples

Les temps simples formés à partir du radical du verbe :

> Présent de l'indicatif
> Présent du subjonctif
> Impératif
> Imparfait de l'indicatif
> Imparfait du subjonctif
> Passé simple
> Le gérondif
> Participe passé

Les temps simples formés à partir de l'infinitif.

> Futur de l'indicatif
> Conditionnel

TEMPS SIMPLES FORMÉS À PARTIR DU RADICAL DU VERBE

Le présent de l'indicatif et le présent du subjonctif

1er groupe : AM-AR

Le présent de l'indicatif

Radical de l'infinitif +	-o	-as	-a	-amos	-áis	-an

Amar => amo, amas, ama, amamos, amais, aman

Le présent du subjonctif

Radical de l'infinitif +	-e	-es	-e	-emos	-éis	-en

Amar => ame, ames, ame, amemos, ameis, amen

2e groupe : COM-ER

Le présent de l'indicatif

Radical de l'infinitif +	-o	-es	-e	-emos	-éis	-en

Comer => como, comes, come, comemos, coméis, comen

Le présent du subjonctif

Radical de l'infinitif +	-a	-as	-a	-amos	-áis	-an

Comer => coma, comas, coma, comamos, comáis, coman

3e groupe : VIV-IR

Le présent de l'indicatif

Radical de l'infinitif +	-o	-es	-e	-imos	- ís	-en

Vivir => vivo, vives, vive, vivimos, vivís, viven

Le présent du subjonctif

Radical de l'infinitif +	-a	-as	-a	-amos	-áis	-an

Vivir => viva, vivas, viva, vivamos, viváis, vivan

L'imparfait de l'indicatif

1er groupe : AM-AR

Radical de l'infinitif +	-aba	-abas	-aba	-ábamos	-abais	-aban

Amar => amaba, amabas, amaba, amábamos, amabais, amaban

2e groupe : COM-ER

Radical de l'infinitif +	- ía	-ías	-ía	-íamos	-íais	-ían

Comer => comía, comías, comía, comíamos, comíais, comían

3e groupe : VIV-IR

Radical de l'infinitif +	-ía	-ías	-ía	-íamos	-íais	-ían

Vivir => vivía, vivías, vivía, vivíamos, vivíais, vivían

Notez que les terminaisons du deuxième et troisième groupe sont les mêmes.

Le passé simple

1er groupe : AM-AR

Radical de l'infinitif +	-é	-aste	-ó	-amos	-asteis	-aron

Amar => amé, amaste, amó, amamos, amasteis, amaron

2e groupe : COM-ER

Radical de l'infinitif +	-í	-iste	-ió	-imos	-isteis	-ieron

Comer => comí, comiste, comió, comimos, comisteis, comieron

3e groupe : VIV-IR

Radical de l'infinitif +	-í	-iste	-ió	-imos	-isteis	-ieron

Vivir => viví, viviste, vivió, vivimos, vivisteis, vivieron

Mêmes terminaisons pour le deuxième et le troisième groupe.

L'imparfait du subjonctif

En espagnol il y a deux formes de l'imparfait du subjonctif en – *ra*- ou –*se*- qui peuvent être utilisées indifféremment.

Il est formé à partir de la troisième personne du pluriel du passé simple (régulier ou irrégulier) du verbe.

(amaron) AM +	-ara -ase	-aras -ases	-ara -ase	-áramos -ásemos	-arais -aseis	-aran -asen
(comie- ron) COM +	-iera -iese	-ieras -ieses	-iera -iese	-iéramos -iésemos	-ierais -ieseis	-ieran -iesen
(vivieron) VIV +	-iera -iese	-ieras -ieses	-iera -iese	-iéramos -iésemos	-ierais -ieseis	-ieran -iesen

Amar => amara, amaras, amara, amáramos, amarais, amaran
amase, amases, amase, amásemos, amaseis, amasen

Comer => comiera, comieras, comiera, comiéramos, comierais, comieran
comiese, comieses, comiese, comiésemos, comieseis, comiesen

Vivir => viviera, vivieras, viviera, vivéramos, vivierais, vivieran
viviese, vivieses, viviese, viviésemos, vivieseis, viviesen

Le gérondif

Le gérondif espagnol correspond à un participe présent ou à un gérondif français (participe présent précédé de *en*) et il est toujours invariable.

Infinitif	AM-**AR**	COM-**ER**	VIV-**IR**
gérondif	am-**ando**	com-**iendo**	viv-**iendo**

Le participe passé

Infinitif	AM-**AR**	COM-**ER**	VIV-**IR**
Participe passé	am-**ado**	com-**ido**	viv-**ido**

L'impératif

En espagnol, l'impératif affirmatif n'a que deux formes propres :

	tú	vosotros
AM-**AR**	am-**a**	am-**ad**
COM-**ER**	com-e	com-**ed**
VIV-**IR**	viv-e	viv-**id**

La deuxième personne du pluriel est toujours régulière. On l'obtient en remplaçant le *r* final de l'indicatif par un *d*.

Aux autres personnes de la forme affirmative on emploie le subjonctif :

AM-**AR**

él, ella, Ud	am-**e**	qu'il, elle aime, aimez (vous).
nosotros	am -**emos**	aimons
ellos, ellas, Uds	am -**en**	qu'ils, elles aiment, aimez (vous)

COM-**ER**

él, ella, Ud	com-**a**	qu'il, elle mange, mangez (vous)
nosotros	com-**amos**	mangeons
ellos, ellas, Uds	com-**an**	qu'ils, elles mangent, aimez (vous)

VIV-**IR**

él, ella, Ud	viv-**a**	qu'il, elle vive, mangez (vous)
nosotros	viv-**amos**	vivons
ellos, ellas, Uds	viv-**an**	qu'ils, elles vivent, aimez (vous)

Pour former l'impératif à la forme négative on emploie le présent du subjonctif à toutes les personnes :

AMAR   no ames, no ame, no amemos, no améis, no amen

COMER no comas, no coma, no comamos, no comáis, no coman

VIVIR   no vivas, no viva, no vivamos, no viváis, no vivan

TEMPS SIMPLES FORMÉS À PARTIR DE L'INFINITIF

Le futur de l'indicatif

Les trois groupes ont les mêmes terminaisons.

l'infinitif +	-é	- ás	- á	-emos	-éis	- á n

AMAR => amaré, amarás, amará, amaremos, amaréis, amarán

COMER => comeré, comerás, comerá, comeremos, comeréis, comerán

VIVIR => viviré, vivirás, vivirá, viviremos, viviréis, vivirán

Le conditionnel

Les trois groupes ont les mêmes terminaisons.

l'infinitif +	-ía	-ías	-ía	-íamos	-íais	-ían

AMAR => amaría, amarías, amaría, amaríamos, amaríais, amarían

COMER => comería, comerías, comería, comeríamos, comeríais, comerían

VIVIR => viviría, vivirías, viviría, viviríamos, comeríais, viviríais, vivirían

L'irrégularité du futur se retrouve toujours au conditionnel.

LES TEMPS COMPOSÉS

Formation des temps composés

Ce sont les mêmes qu'en français et ils se forment toujours avec l'auxiliaire **haber**, suivi du participe passé.

L'auxiliaire *être* employé en français pour former les temps composés de certains verbes intransitifs ou pronominaux se traduit par **haber**.

Le passé composé

Présent de **haber** + participe passé du verbe :

	AMAR	COMER	VIVIR
he has ha hemos habéis han	amado	comido	vivido

Plus-que-parfait

Imparfait de **haber** + participe passé du verbe :

	AMAR	COMER	VIVIR
había habías había habíamos habíais habían	amado	comido	vivido

Le passé antérieur

Passé simple de **haber** + participe passé du verbe :

	AMAR	COMER	VIVIR
hube hubiste hubo hubimos hubistéis hubieron	amado	comido	vivido

Le futur antérieur

Futur de **haber** + participe passé du verbe :

	AMAR	COMER	VIVIR
habré habrás habrá habremos habréis habrán	amado	comido	vivido

Le conditionnel passé

Conditionnel de **haber** + participe passé du verbe :

	AMAR	COMER	VIVIR
habría habrías habría habríamos habríais habrían	amado	comido	vivido

Le passé du subjonctif

Présent du subjonctif de **haber** + participe passé du verbe :

	AMAR	COMER	VIVIR
haya hayas haya hayamos hayáis hayan	amado	comido	vivido

Le plus-que-parfait du subjonctif

Imparfait du subjonctif de **haber** + participe passé du verbe :

	AMAR	COMER	VIVIR
hubiera/hubiese **hubieras/hubieses** **hubiera/hubiese** **hubiéramos/hubiésemos** **hubierais/hubieseis** **hubieran/hubiesen**	amado	comido	vivido

L'infinitif passé

Infinitif de **haber** + participe passé du verbe :

	AMAR	COMER	VIVIR
haber	amado	comido	vivido

L'INFINITIF

En général, l'infinitif français se rend par l'infinitif espagnol.

Me gusta escribir. *J'aime écrire.*
Le gusta vivir. *Il aime vivre.*

Néanmoins, dans un grand nombre de cas il se traduit par le subjonctif après des verbes exprimant un ordre, un conseil, une prière... (*voir emploi du subjonctif*) et par le gérondif après des verbes exprimant la durée.

Te pido que lo hagas. *Je te demande de le faire.*
Pasó cien años esperándola. *Il a passé cent ans à l'attendre.*

L'infinitif peut être employé comme substantif.

Su caminar me fascinaba. *Sa façon de marcher me fascinait.*
Tu mirar es preocupante. *Ta façon de regarder est inquiétante.*

L'infinitif passé se forme avec **haber** et le participe passé du verbe :

Haber amado. *Avoir aimé.*
Tras haber comido se fue a dormir. *Après avoir mangé, il est allé dormir.*

LE GÉRONDIF

Le gérondif exprime une idée de manière, de progression, de continuité, de simultanéité, de durée, etc. Il est toujours invariable.

Se pasó la vida cantando y bailando. *Elle a passé sa vie à chanter et à danser.*

Trabaja silbando. *Il travaille en sifflant.*

Expressions avec le gérondif :

Estar + gérondif : *être en train de* + infinitif.

Están haciendo un documental. *Ils sont en train de faire un documentaire.*

Estuvimos dando un paseo. *Nous avons fait une promenade.*

Ir + gérondif : *peu à peu.*

La novela va avanzando. *Le roman avance peu à peu.*

Los precios van subiendo. *Les prix sont en train d'augmenter.*

Andar + gérondif : exprime un mouvement.

Anda diciendo que eres bobo. *Il dit à droite et à gauche que tu es bête.*

Te anduvimos buscando toda la noche. *Nous avons passé la nuit à te chercher.*

Seguir, continuar + gérondif : *continuer à/de* + infinitif.

Sigue creyendo en Dios. *Il continue de croire en Dieu.*

A pesar de los consejos seguían haciendo lo que querían.

Malgré les conseils, ils faisaient toujours ce qu'ils voulaient.

Llevar + gérondif : *cela fait* (durée) *que* + verbe / verbe + *depuis* (durée).

Lleva diez años escribiendo el libro. *Cela fait dix ans qu'il écrit ce livre/Il écrit ce livre depuis dix ans.*

Lleva repitiendo lo mismo desde hace una hora. *Cela fait une heure qu'il répète la même chose.*

Pasarse + gérondif : *passer* (durée) *à* + infinitif.

Se pasó la vida quejándose. *Il a passé sa vie à se plaindre.*

Pasamos la velada hablando. *Nous avons passé la soirée à parler.*

Au gérondif, les pronoms compléments ou réfléchis se placent après le verbe et se soudent à lui (l'enclise). (*Voir les pronoms compléments.*)

Está leyéndolo. *Elle est en train de le lire.*

Estamos comprándolo. *Nous sommes en train de l'acheter.*

Lorsqu'il y a deux pronoms compléments, on place d'abord le C.O.I et ensuite le C.O.D.

Está leyéndoselo. *Elle est en train de le lui lire.*

Estamos comprándoselo. *Nous sommes en train de le lui acheter.*

Verbes irréguliers au gérondif

Les verbes irréguliers indépendants :

reír	**riendo**	ir	**yendo**
poder	**pudiendo**	decir	**diciendo**
venir	**viniendo**		

Les verbes en **-ir** à affaiblissement et à alternance **e/i**, et **o/u** :

Pedir **pidiendo** morir **muriendo**

Le gérondif passé se forme avec l'auxiliaire **haber** au gérondif suivi du participe passé du verbe :

Habiendo comido. *Ayant mangé.*

L'IMPÉRATIF

L'impératif français se rend normalement par l'impératif espagnol.

C'est le mode qui exprime l'ordre ou la défense.

À la forme négative, il est rendu par le présent du subjonctif. (*Voir formation des temps*.)

Come mucho. *Mange beaucoup.*
No comas mucho. *Ne mange pas beaucoup.*

Impératifs irréguliers à la deuxième personne du singulier. La deuxième personne du pluriel est toujours régulière.

ir	**ve**	**venid**	venir	**ven**	**venid**
decir	**di**	**decid**	hacer	**haz**	**haced**
poner	**pon**	**poned**	tener	**ten**	**tened**
ser	**sé**	**sed**	salir	**sal**	**salid**

Di la verdad. *Dis la vérité.*
Decid la verdad. *Dites la vérité.*
Ten la cuchara. *Tiens la cuillère.*
Tened la cuchara. *Tenez la cuillère.*

À l'impératif affirmatif, les pronoms compléments ou réfléchis se placent après le verbe et se soudent à lui (l'enclise). (*Voir les pronoms compléments*.)

Dilo. *Dis-le.*
Hazlo. *Fais-le.*

Lorsqu'il y a deux pronoms compléments, on place d'abord le C.O.I et ensuite le C.O.D.

Dímela. *Dis-la-moi.*
Dísela. *Dis-la-lui.*
Házselo. *Fais-le-lui.*
Házmelo. *Fais-le-moi.*

Lorsque la première et la deuxième personne du pluriel sont suivies d'un pronom réfléchi (verbes pronominaux), elles perdent leur consonne finale : 1re -s ; 2e -d.

Míremos + nos = mirémonos. *Regardons-nous.*
Mirad + os = miraos. *Regardez-vous.*
Divertamos + nos = divertámonos. *Amusons-nous.*
Divertid + os = divertíos. *Amusez-vous.*

À la forme négative, les pronoms compléments ou réfléchis se placent avant le verbe.

No me la digas. *Ne me la dis pas.*
No os miréis. *Ne vous regardez pas.*

LE PARTICIPE PASSÉ

Le participe passé employé avec **haber** est toujours invariable.

> **Me han dolido las palabras que ha dicho**. *Les mots qu'il a dits m'ont fait mal.*

L'auxiliaire **haber** et le participe passé ne doivent pas être séparés par un adverbe ou une locution adverbiale :

> **He hecho bien en venir**. *J'ai bien fait de venir.*

Avec un autre auxiliaire ou semi-auxiliaire : **ser**, **estar**, **ir**, **andar**, **seguir**, **quedarse**, **tener**, etc., le participe passé s'accorde toujours.

Ser + participe passé (voix passive) :

> **Ha sido seleccionada para el torneo**. *Elle a été sélectionnée pour le tournoi.*

Estar + participe passé :

> **La obra de teatro estará terminada en octubre**. *La pièce de théâtre sera finie en octobre.*

Ir + participe passé :

> **Voy peinada como una reina**. *Je suis coiffée comme une reine.*

Andar + participe passé :

> **Estos días andan cansados**. *Ces jours-ci, ils sont fatigués.*

Seguir + participe passé :

> **El lavabo sigue atascado**. *Le lavabo est toujours bouché.*

Quedarse + participe passé :

> **Se quedó anonadado**. *Il est resté abasourdi.*

Tener + participe passé :
  Tiene hechos cinco capítulos. *Il a déjà fait cinq chapitres.*

Principaux participes passé irréguliers :

abrir	*ouvrir*	**abierto**	**cubrir**	*couvrir*	**cubierto**
decir	*dire*	**dicho**	**hacer**	*faire*	**hecho**
morir	*mourir*	**muerto**	**poner**	*mettre*	**puesto**
romper	*rompre*	**roto**	**satisfacer**	*satisfaire*	**satisfecho**
ver	*voir*	**visto**	**volver**	*retourner*	**vuelto**

Les composés de ces verbes ont la même irrégularité :
descubrir   *découvrir*   **descubierto**
deshacer   *défaire*   **deshecho**.

Les verbes en **-scribir** ont un participe passé irrégulier :
escribir   *écrire*   **escrito**
suscribir   *souscrire*   **suscrito**

Les verbes en **-olver** ont un participe passé irrégulier :
disolver   *dissoudre*   **disuelto**
resolver   *résoudre*   **resuelto**

Certains verbes ont un participe passé régulier – pour former les temps composés – et un participe passé irrégulier – utilisé comme adjectif :
freír   *frire*   **frito/freído**
despertar   *réveiller*   **despierto/despertado**

LES VERBES IRRÉGULIERS

Les verbes irréguliers espagnols sont assez nombreux. Certains peuvent être classés par groupes en tenant compte de leur irrégularité.

Groupes de verbes qui partagent la même irrégularité

1. Les verbes à diphtongue

– Verbes du premier et deuxième groupe : **-ar, -er**.

Le **o** du radical devient **ue**

contar	*raconter*	**cuento**
soñar	*rêver*	**sueño**
aprobar	*réussir*	**apruebo**

Le **e** du radical devient **ie**

perder	*perdre*	**pierdo**
encender	*allumer*	**enciendo**
querer	*vouloir*	**quiero**

Cette modification intervient à toutes les personnes sauf à la première et deuxième du pluriel :

contamos	*nous racontons*
perdéis	*vous perdez*
encendemos	*nous allumons*

Ces verbes sont irréguliers aux trois présents : le présent de l'indicatif, le présent du subjonctif et l'impératif.

Jugar présente la même irrégularité : **juego**, *je joue*.

Si la diphtongue se trouve en début de mot, **ie,** devient **ye** et **ue** devient **hue** :

| errar | *errer* | **yerro** |
| oler | *sentir* | **huelo** |

– Quatre verbes de la troisième conjugaison : **-ir**

L'**e** du radical devient **ie** aux trois présents :

discernir	*discerner*	**discierno**
concernir	*concerner*	**concierno**
adquirir	*acquérir*	**adquiero**
inquirir	*s'enquérir de*	**inquiero**

2. Les verbes à affaiblissement : e en i

– Certains verbes en **ir,** qui ne se terminent pas en **– erir** (sauf **herir**), **-entir**, **-ertir**, transforment la dernière voyelle du radical **e** en **i**.

pedir	*demander*	**pido**
medir	*mesurer*	**mido**
impedir	*empêcher*	**impido**

Ces verbes sont irréguliers aux trois présents, au passé simple, à l'imparfait du subjonctif et au gérondif.

3. Les verbes à alternance, diphtongue et/ou affaiblissement

– Le **e** du radical devient **ie/i**.

sentir	*ressentir*	**siento** (présent)	**sintió** (passé simple)
mentir	*mentir*	**miento** (présent)	**mintió** (p. simple)
preferir	*préférer*	**prefiero** (présent)	**prefirió** (p. simple)

– Le **o** du radical devient **ue/u**.

| **dormir** | *dormir* | **duermo** (présent) | **durmió** (p. simple) |
| **morir** | *mourir* | **muero** (présent) | **murió** (p. simple) |

Ces verbes sont irréguliers aux trois présents, au passé simple, à l'imparfait du subjonctif et au gérondif.

4. Verbes qui modifient la dernière consonne du radical :

a) c - zc

Les verbes en **-acer**, **-ecer**, **-ocer** et **-ucir** intercalent un **z** devant le **c** de la dernière syllabe du radical lorsque la terminaison commence par un **o** ou un **a**, à la première personne du présent de l'indicatif, et à toutes les personnes du présent du subjonctif.

conocer	*connaître*	**conozco**
parecer	*paraître*	**parezco**
nacer	*naître*	**nazco**

Trois verbes font exception : **hacer**, *faire*, **cocer**, *cuire*, et **mecer**, *bercer*. (*Voir verbes irréguliers indépendants*).

b) c - zc et j

Les verbes en **– ducir** présentent la même irrégularité que les précédents. De plus ils ont le passé simple et l'imparfait du subjonctif en **duje**

conducir	*conduire*	**conduzco**
conduje	**condujera/condujese**	

5. Verbes en uir

Ces verbes introduisent un **y** entre le radical et la terminaison quand celle-ci commence par **o/e/a**.

Concluir, *conclure*, **concluyo**.

Verbes irréguliers indépendants

Voici les plus fréquents :

		indicatif	subjonctif
caer	*tomber*	**caigo**	**caiga**
valer	*valoir*	**valgo**	**valga**
venir	*venir*	**vengo**	**venga**
caber	*tenir dans*	**quepo**	**quepa**
poder	*pouvoir*	**puedo**	**pueda**
querer	*aimer, vouloir*	**quiero**	**quiera**

ver	*voir*	**veo**	**vea**
traer	*apporter*	**traigo**	**traiga**
decir	*dire*	**digo**	**diga**
hacer	*faire*	**hago**	**haga**
oír	*entendre*	**oigo**	**oiga**
poner	*mettre*	**pongo**	**ponga**
salir	*sortir*	**salgo**	**salga**
tener	*avoir*	**tengo**	**tenga**
dar	*donner*	**doy**	**dé**
estar	*être*	**estoy**	**esté**
ser	*être*	**soy**	**sea**
haber	*avoir*	**he**	**haya**
ir	*aller*	**voy**	**vaya**
saber	*savoir*	**sé**	**sepa**

Seuls les six derniers verbes ne retrouvent pas l'irrégularité de la première personne du présent de l'indicatif à toutes les personnes du présent du subjonctif.

Seulement trois verbes sont irréguliers à l'imparfait de l'indicatif :

ver	**veía**
ir	**iba**
ser	**era**

L'irrégularité du passé simple (3e personne du pluriel) se retrouve toujours aux imparfaits du subjonctif, l'irrégularité du futur se retrouve elle toujours au conditionnel.

ser	**fueron**	**fuera/fuese**	**seré**	**sería**
ver	**vieron**	**viera/viese**	**veré**	**vería**

LES VERBES PRONOMINAUX

Ce sont les verbes qui se conjuguent avec un pronom personnel réfléchi : **me, te, se, nos, os, se**.

Me lavo la cara. *Je me lave le visage.*
Me peino todas las mañanas. *Je me coiffe tous les matins.*

Le pronom est placé devant le verbe sauf à l'impératif, au gérondif et à l'infinitif :

Levántate. *Lève-toi.*
Está recordándoselo. *Elle est en train de le lui rappeler.*
Le gusta escucharse. *Il aime s'écouter.*

SER ET ESTAR

Le verbe *être* se traduit en espagnol par **ser** et **estar**. Leur emploi obéit à certaines règles.

SER

Ser exprime une idée d'existence et de ses caractéristiques.

Es un hombre maduro. *C'est un homme mûr.*
Soy muy timida. *Je suis très timide.*

Ser devant :

– un nom : **Yo soy una mujer.** *Je suis une femme*
– un pronom : **Son ellos.** *Ce sont eux.*
– un numéral : **Éramos diecisiete.** *Nous étions dix-sept.*
– un infinitif : **Lo mejor es verse.** *Le mieux c'est de nous voir.*
– un adjectif qui exprime une caractéristique essentielle propre au nom :
Soy muy tímido. *Je suis très timide.*
Es una chica bastante intrépida. *C'est une jeune fille assez intrépide.*

– un participe passé. Forme passive :
La película fue dirigida por Buñuel. *Le film a été réalisé par Buñuel.*
La casa ha sido pintada por él. *La maison a été peinte par lui.*

Ser pour exprimer :
– la profession : **Son arquitectos.** *Ils sont architectes.*

– l'origine :	**Era irlandés**. *Il était irlandais.*
– la matière :	**Es de plata**. *C'est en argent.*
– l'appartenance :	**Son suyos**. *Ils sont à lui.*
– l'heure :	**Es la una**. *Il est une heure.*
– la date :	**Es martes**. *Nous sommes mardi.*

Ser pour traduire *c'est, c'était...* devant un nom ou un pronom :

¡Era genial ! *C'était génial !*

Es ella : *C'est elle.*

ESTAR

Estar exprime une idée d'état, durable ou non, de position, de situation.

Estamos en la universidad. *Nous sommes à l'université.*

Estoy con Cristina y Muriel. *Je suis avec Cristina et Muriel.*

Estar pour exprimer :

– le lieu :	**¿Dónde estábais ?** *Où étiez-vous ?*
– la position :	**Estábamos detrás del coche**. *Nous étions derrière la voiture*
– le temps :	**Estamos a 23 de septiembre**. *Nous sommes le 23 septembre.*

estar devant :

– un gérondif pour exprimer l'action qui est en train de se dérouler :

Estaban haciendo el amor. *Ils étaient en train de faire l'amour.*

– un adjectif qui exprime une caractéristique non essentielle, temporaire, un état accidentel :

Estuvieron muy débiles. *Ils furent très faibles.*

– un participe passé qui exprime le résultat d'une action :
La comida está hecha. *Le repas est fait.*

estar quand on peut remplacer *être* par *se trouver* :
El colegio está cerca de casa. *L'école est (se trouve) près de la maison.*

estar pour traduire *c'est, c'était...* devant un participe ou un adverbe :
Todo está terminado. *Tout est fini.*

estar de, en, por... + circonstance :
Estaba de vacaciones. *Elle était en vacances.*
Estuvimos en cuarentena. *Nous avons été en quarantaine.*
Las obras están por empezar. *Les travaux vont bientôt commencer.*

Être et l'expression de lieu

– Si la phrase est impersonnelle, *être* se traduit par **ser** :
¿Dónde era la fiesta ? – Era en su casa.
Où était la fête ? – C'était chez elle.
Es en mi distrito. *C'est dans mon arrondissement.*

– Si la phrase a un sujet personnel, *être* se traduit par **estar** :
¿Dónde estabais ? – Estábamos en la cafetería.
Où étiez-vous ? – Nous étions au café.
Están en Galicia con sus hijos.
Ils sont en Galice avec leurs enfants.

Être et l'expression de temps

– Si la phrase est impersonnelle, **être** se traduit par *ser* :
Es el momento de concluir.
C'est le moment de conclure.
Es en otoño cuando nos conocimos.
C'est à l'automne que nous nous sommes rencontrés.

– Si la phrase a un sujet personnel, *être* se traduit par
estar :
Estamos en el año 2007.
Nous sommes en 2007.
Estamos en primavera.
Nous sommes au printemps.

SER OU ESTAR

Le sens de certains adjectifs est modifié, selon qu'ils sont
employés avec **ser** ou **estar**. En voici quelques-uns :

ser bueno	*être bon, gentil*	**estar bueno**	*être en bonne santé, bon (goût)*
ser malo	*être méchant*	**estar malo**	*être malade, mauvais (goût)*
ser ciego	*être aveugle*	**estar ciego**	*être aveuglé*
ser viejo	*être vieux*	**estar viejo**	*paraître vieux*
ser limpio	*être propre*	**estar limpio**	*être propre (nettoyé)*
ser loco	*être fou*	**estar loco**	*être extravagant*
ser guapo	*être beau*	**estar guapo**	*être beau (aujourd'hui)*
ser listo	*être intelligent*	**estar listo**	*être prêt*
ser sordo	*être sourd*	**estar sordo**	*être sourd*
ser abierto	*être extraverti*	**estar abierto**	*être ouvert*
ser moreno	*être brun*	**estar moreno**	*être bronzé*
ser negro	*être noir*	**estar negro**	*être furieux*
ser rico	*être riche*	**estar rico**	*être bon (goût)*
ser atento	*être attentionné*	**estar atento**	*être attentif*

Está ciego por ti. *Il est aveuglé par toi.*
El caviar estaba muy rico. *Le caviar était très bon.*
Es sordo y rico. *Il est sourd et riche.*
Era una persona muy atenta. *C'était une personne très attentionnée.*

Certains adjectifs sont employés seulement avec **ser** ou **estar** :

ser absurdo	*être absurde*
ser imposible	*être impossible*
ser importante	*être important*
ser lógico	*être logique*

estar embarazada	*être enceinte*
estar preocupado	*être préoccupé*
estar interesado	*être intéressé*
estar enfadado	*être fâché*

L'AUXILIAIRE AVOIR

Avoir peut être traduit par **haber** ou **tener**. S'il a le sens de posséder, il se traduit par **tener**.

Tengo un coche negro. *J'ai une voiture noire.*

Habíamos decidido marcharnos. *Nous avions décidé de partir.*

Si *avoir* est auxiliaire, c'est-à-dire qu'il précède un participe passé, il se traduit par **haber**.

Hemos terminado por entendernos. *Nous avons fini par nous entendre.*

En espagnol le participe passé conjugué avec **haber** ne s'accorde jamais.

Los que hemos visto nos gustan. *Ceux que nous avons vus nous plaisent.*

Rien ne s'intercale entre l'auxiliaire et le participe passé :

He entendido bien. *J'ai bien compris.*

Quand le français utilise l'auxiliaire *être* avec les verbes pronominaux, certains verbes de mouvement ou des verbes qui expriment la transformation, l'espagnol utilise toujours **haber** :

Se ha levantado temprano. *Il s'est levé tôt.*

Nos hemos ido al campo. *Nous sommes allés à la campagne.*

Ha nacido hoy. *Elle est née aujourd'hui.*

Haber auxiliaire peut être remplacé par **tener** quand on veut marquer davantage l'action réalisée, le résultat acquis ou la valeur fréquentative. Dans ce cas, le participe passé s'accorde toujours :

Tengo hecho el trabajo desde ayer. *J'ai fini le travail depuis hier.*

Tenemos vendidas seis entradas. *Nous avons vendu six entrées.*

LA PHRASE

LA VOIX PASSIVE

La voix passive se construit avec l'auxiliaire **ser** suivi du participe passé. Le complément d'agent est introduit par la préposition **por**.
Elle est beaucoup moins employée qu'en français.

Voix active	Voix passive
Clara escribió este libro. *Clara a écrit ce livre.*	**Este libro fue escrito por Clara.** *Ce livre a été écrit par Clara.*
Andrea ha hecho estudios. *Andréa a fait des études.*	**Los estudios fueron hechos por Andrea.** *Les études ont été faites par Andréa.*

Notez que le participe passé est accordé avec le sujet passif, et que le verbe de la forme passive est conjugué au même temps que celui de la forme active.

El periódico ha difundido la noticia. *Le journal a diffusé la nouvelle.*	**La noticia ha sido difundida por el periódico.** *La nouvelle a été diffusée par le journal.*
Todo el equipo realizó el trabajo. *Toute l'équipe a réalisé le travail.*	**El trabajo fue realizado por todo el equipo.** *Le travail a été réalisé par toute l'équipe.*

LA PHRASE NÉGATIVE

Pour former une phrase négative on place toujours **no** devant le verbe.

No quiero ir al colegio. *Je ne veux pas aller à l'école.*
No vengas a mi casa. *Ne viens pas chez moi.*

Les pronoms compléments s'intercalent entre la négation et le verbe :

No me lo hagas. *Ne me le fais pas.*
No se lo digas. *Ne le lui dis pas.*

Double construction des mots négatifs

Nunca, *jamais* ; **nada**, *rien* ; **nadie**, *personne* ; **ninguno**, *aucun* ; **tampoco**, *non plus* ; **ni**, *ni*, placés devant le verbe se construisent sans **no**, suivis du verbe avec **no** :

Nadie abrió la boca / No abrió la boca nadie. *Personne n'a ouvert la bouche.*
Nunca tuve noticias de él. *Je n'ai jamais eu de ses nouvelles.*

Traduction de :

Ne... que = **sólo** ; **no... más que** :
Sólo compro uno.
No compro más que uno.   *Je n'en achète qu'un.*
Sólo compro uno.

Ne... plus = **ya no** :
Ya no tengo amigos. *Je n'ai plus d'amis.*
Ya no quiere más. *Il n'en veut plus.*

Ni... ni = **ni... ni ; no... ni** :

Ni él ni yo nos callamos. *Ni lui ni moi ne nous sommes tus*.

No vi el espectáculo ni a la gente. *Je n'ai vu ni le spectacle ni les gens*.

Même pas = **ni siquiera** :

Ni siquiera me dirigió la palabra. *Il ne m'a même pas adressé la parole*.

Ni siquiera trabaja. *Il ne travaille même pas*.

Ne pas... mais = **no... sino** :

No quiero café sino té. *Je ne veux pas du café mais du thé*.

No quiero que te vayas sino que te quedes. *Je ne veux pas que tu partes, mais que tu restes*.

LA PHRASE INTERROGATIVE

La phrase interrogative espagnole commence toujours par
un point d'interrogation à l'envers.

Les interrogatifs ont les mêmes formes que les relatifs,
mais ils portent un accent écrit aussi bien dans une interrogation directe qu'indirecte. Ils peuvent être précédés
d'une préposition.

¿Qué ? *Que ?* :
¿Qué quieres ? *Qu'est-ce que tu veux ?*

¿Quién, quiénes ? *Qui ?*
¿Quién ha venido ? *Qui est venu ?*

¿Cuál, cuáles ? *Quel/le/s/ ; lesquels/le/s ?*
¿Cuál prefieres ? *Lequel préfères-tu ?*

¿Dónde ? *Où ?*
¿Dónde has ido ? *Où es-tu allé ?*

¿Cuándo ? *Quand ?*
¿Cuándo vienes ? *Quand viens-tu ?*

Cuánto s'accorde en genre et en nombre lorsqu'il est
adjectif :

¿Cuánto ? *Combien ?*
¿Cuánto mides ? *Combien mesures-tu ?*
¿Cuántas personas sois ? *Combien de personnes
êtes-vous ?*

¿Cómo ? *Comment ?*
¿Cómo lo has hecho ? *Comment l'as-tu fait ?*

¿Por qué ? *Pourquoi ?*
¿Por qué te enfadas ? *Pourquoi te fâches-tu ?*

Notez l'accent écrit dans les interrogations indirectes :

Nunca supe ni cómo ni dónde se fue. *Je n'ai jamais su ni comment ni où il est parti.*

Dime con quién andas y te diré quién eres. *Dis-moi qui tu fréquentes et je te dirai qui tu es.*

LA PHRASE EXCLAMATIVE

La phrase exclamative espagnole commence également par un point d'exclamation à l'envers.

¡Qué alegría verte ! *Quel plaisir de te voir !*

Les mots exclamatifs diffèrent selon le terme sur lequel porte l'exclamation. Tous les exclamatifs portent un accent écrit.

¡Qué rico !	*Que c'est bon !*
¡Cuánto tiempo sin verte !	*Combien de temps sans te voir !*
¡Cuánta gente !	*Que de monde !*
¡Cómo nieva !	*Comme il neige !*
¡Lo bueno que está !	*Que c'est bon !*

LA COORDINATION

Les conjonctions de coordination servent à lier deux mots ou deux propositions de même valeur syntaxique.
Ce sont *mais, ou, et, donc, or, ni, car.*

Et :
– **y**, qui devient **e** devant un mot commençant par **i** ou **hi** :
La flora y la fauna. *La flore et la faune.*
Paco e Ignacio. *Paco et Ingnacio.*

Ou :
– **o**, qui devient **u** devant un mot commençant par **o** ou **ho** :
Tú o yo. *Toi ou moi.*
Siete u ocho. *Sept ou huit.*

Mais :
– **pero** :
Quiso hacerlo pero no pudo. *Il a voulu le faire, mais il n'a pas pu.*

– **sino**, quand la première partie de la phrase est négative :
No compres uvas sino manzanas. *N'achète pas de raisin mais des pommes.*

Ni :
– **ni** :
Ni trabaja ni estudia. *Il ne travaille ni n'étudie.*

Car :
– **pues, (porque)** :

No hace la comida pues (porque) está sola. *Elle ne fait pas à manger car elle est seule.*

Or :
– **ahora bien** / *(cela dit)* :
Ya te lo he dicho. Ahora bien, te lo repito otra vez. *Je te l'ai déjà dit. Or je te le répète encore une fois.*

Donc :
– **pues, luego** :
Pienso, luego existo. *Je pense, donc je suis.*
No quiere hacerlo, pues que no lo haga. *Il ne veut pas le faire, donc qu'il ne le fasse pas.*

LA SUBORDINATION

LA PROPOSITON SUBORDONNÉE

Les conjonctions de subordination établissent une relation de dépendance entre la proposition principale et la/les subordonnée(s).

Les conjonctions de subordination introduisent toujours la proposition subordonnée :

Voy a la fiesta aunque llueva. *Même s'il pleut, j'irai à la fête.*
P. principale   P. subordonnée

Voici quelques conjonctions et locutions conjonctives :

que	*que*	**cuando**	*quand*
aunque	*bien que, même si*	**porque**	*parce que*
mientras	*pendant que / tandis que*	**como**	*como*

mientras que	*tandis que*
antes (de) que	*avant que*
desque que	*depuis que*
ya que	*puisque*
puesto que	*puisque*
para que	*pour que*, etc.

Le choix de l'indicatif ou du subjonctif dans la proposition subordonnée dépend du sens et du temps du verbe de la principale, du type de conjonction qui introduit la subordonnée, et de la façon dont le fait est considéré (réel ou hypothétique), en respectant toujours la concordance des temps.

L'indicatif = le mode du réel (présent, passé, futur).
   Sabemos que eres médico. *Nous savons que tu es médecin.*

Sabemos que fuiste médico. *Nous savons que tu as été médecin.*

Sabemos que serás médico. *Nous savons que tu seras médecin.*

Le subjonctif = le mode du probable, du prévisible, de l'éventuel.

Te pido que cierres la puerta. *Je te demande de fermer la porte.*

Te pedí que cerrases la puerta. *Je t'ai demandé de fermer la porte.*

Te pediré que cierres la puerta. *Je te demanderai de fermer la porte.*

LA SUBORDONNÉE RELATIVE

Elle est introduite par un relatif (*voir les relatifs*).
La proposition subordonnée dépend de l'antécédent de la principale.

El ordenador que quiero comprar. *L'ordinateur que je veux acheter.*

Le mode dans les subordonnées relatives

L'espagnol emploie :

– **le subjonctif,** si l'action de la subordonnée est irréelle ou incertaine :
Busco un trabajo que sea interesante. *Je cherche un travail qui soit intéressant.*
Quiero un collar que tenga mil diamantes. *Je veux un collier avec mille diamants.*
Me gustaría una casa que tuviera nueve habitaciones. *J'aimerais une maison qui ait neuf chambres.*

– **l'indicatif,** si l'action de la subordonnée est réelle ou avérée :
Tengo un trabajo que es muy interesante. *J'ai un travail qui est très intéressant.*
He visto un anillo que tiene mil brillantes. *J'ai vu une bague qui a mille diamants.*
Estuvimos en una casa que tenía nueve habitaciones. *Nous avons été dans une maison qui avait neuf chambres.*

– **le présent du subjonctif** quand le verbe de la subordonnée est au futur en français :
Piensa lo que quieras. *Pense ce que tu voudras.*
Ven cuando quieras. *Viens quand tu pourras.*

– **l'imparfait du subjonctif** quand le verbe de la subordonnée est au conditionnel en français :
Dijo que todo estuviera listo para el jueves. *Il a dit
que tout soit prêt pour jeudi.*
Ha dicho que debiera ir a ducharse. *Il a dit qu'elle
devrait aller prendre une douche.*

LA SUBORDONNÉE COMPLÉTIVE

Elle est introduite par la conjonction **que** et après des verbes déclaratifs comme :

decir, *dire* ; **aconsejar**, *conseiller* ; **pensar**, *penser* ; **lamentar**, *sentir, regretter* ; **querer**, *vouloir* ; **pedir**, *demander* ; **permitir**, *permettre* ; **rogar**, *prier* ; **prohibir**, *interdire*, etc.

Et des expressions impersonnelles comme :

hace falta, es preciso = *il faut*
es necesario = *il est nécessaire*
es probable = *il est probable,* etc.

Le mode dans les subordonnées complétives

En respectant la concordance des temps, on utilise :

– **le subjonctif** lorsque le verbe de la principale exprime l'incertitude, le doute, une opinion négative... :
No creo que lo quiera. *Je ne pense pas qu'il voudra.*
Dudé que lo entendieses. *J'ai douté que tu comprennes.*
Es poco probable que lo haga. *C'est peu probable qu'il le fasse.*

– **le subjonctif** lorsque le verbe de la principale exprime un sentiment ou une émotion :
Me alegro que estéis aquí. *Je me réjouis que vous soyez ici.*
Siento que no hayas venido. *Je regrette que tu ne sois pas venu.*

No me dio pena que se separasen. *Je n'ai pas eu de peine qu'ils se séparent.*

— **le subjonctif** lorsque le verbe de la principale exprime le souhait ou le désir :
Deseo que trabajen juntos. *Je souhaite qu'ils travaillent ensemble.*
Me gustaría que bailases conmigo. *J'aimerais que tu danses avec moi.*
Preferiría que me ayudara. *Je préférerais qu'elle m'aide.*

— **le subjonctif** lorsque le verbe de la principale exprime une volonté (ordre, prière, permission, défense...) :
Te pido/ruego que te vayas. *Je te demande/prie de partir.*
Quiere que vengamos a las tres. *Il veut que nous venions à trois heures.*
Le prohibí que saliera. *Je lui ai interdit de sortir.*

Remarquez qu'après un verbe qui exprime une volonté, le subjonctif de la subordonnée en espagnol est rendu en français par l'infinitif :
No te permito que me hables así. *Je ne te permets pas de me parler comme ça.*

— **le subjonctif** après les tournures d'obligation impersonnelle qui expriment l'obligation, la nécessité :
Hace falta que estés aquí. *Il faut que tu sois là.*
Es preciso que se presente. *Il faut qu'il se présente.*
Es indispensable que reacciones. *Il est indispensable que tu réagisses.*

— **le subjonctif** après les tournures d'obligation impersonnelle qui expriment un jugement de valeur :
Es mejor que sea así. *C'est mieux que ce soit comme ça.*
Es injusto que no le reconozcan. *C'est injuste qu'il ne soit pas reconnu.*

Era natural que aceptara. *Il était naturel qu'il accepte.*

- **le subjonctif** après un verbe qui exprime des excuses ou la reconnaissance (infinitif en français) :
  Perdona que te haya herido. *Excuse-moi de t'avoir blessé.*
  Le agradecería que fuese más respetuoso. *Je vous remercierais d'être plus respectueux.*
  Disculpe que haya gritado. *Excusez-moi d'avoir crié.*

- **l'indicatif** lorsque le verbe de la principale exprime la connaissance ou l'opinion :
  Creo que es capaz. *Je pense qu'il en est capable.*
  Dice que puede hacerlo. *Il dit qu'il peut le faire.*
  Sabemos que lo conseguirás. *Nous savons que tu réussiras.*

Le verbe **esperar** a deux constructions possibles :

Quand il a le sens d'*espérer*, l'espagnol peut utiliser l'indicatif, si l'on croit la chose probable, ou le subjonctif, si l'on croit le contraire :

l'indicatif :
Espero que me llamará. *J'espère qu'elle m'appellera* (je suis presque sûr).

le subjonctif :
Espero que llame. *J'espère qu'elle m'appellera* (je n'en suis pas certain).

Quand il a le sens d'*attendre*, l'espagnol utilise :

le subjonctif :
Esperamos que termines de una vez por todas. *Nous attendons que tu finisses une fois pour toutes.*

LA SUBORDONNÉE DE TEMPS

Elle est introduite par des conjonctions telles que **cuando**, *quand* ; **en cuanto**, *dès que* ; **mientras**, *pendant que, tant que* ; **tan pronto como**, *aussitôt que* ; **según**, **a medida que**, *au fur et à mesure que* ; **hasta que**, *jusqu'à ce que*, etc.

Quand l'action se situe au présent ou au passé, la subordonnée espagnole utilise les mêmes temps de l'indicatif que le français :

En cuanto puede, viene a verme. *Dès qu'elle peut, elle vient me voir.*

Cuando llueve, me pongo botas. *Quand il pleut, je mets des bottes.*

L'espagnol utilise :

– le subjonctif présent quand le français utilise le futur d'éventualité :

Cuando llueva, me pondré botas. *Quand il pleuvra, je mettrai des bottes.*

Tan pronto como me lo pida, firmo el contrato. *Aussitôt qu'il me le demandera, je signerai le contrat.*

– l'imparfait du subjonctif quand le français utilise le conditionnel d'éventualité :

Te escribiría tan pronto como me dijeras la dirección. *Je t'écrirais aussitôt que tu me donneras ton adresse.*

Les dijimos que en cuanto termináramos de comer, cerraríamos la tienda. *Nous leur avons dit que dès que nous aurions fini de manger, nous fermerions le magasin.*

Après **antes de que**, *avant que* = subjonctif dans la subordonnée :

Hazlo antes de que llegue. *Fais-le avant qu'il n'arrive.*

Après **desde que**, *depuis que* = indicatif dans la subordonnée :

Desde que llegó, no ha parado de hablar. *Depuis qu'il est arrivé, il n'a pas arrêté de parler.*

LA SUBORDONNÉE DE CONDITION

En général, elle est introduite par la conjonction **si**.

– S'il s'agit d'une condition réalisable (présent, passé) = les mêmes temps de l'indicatif en espagnol et en français :
   Si hace calor, me voy a la playa. *S'il fait chaud, je vais à la plage.*
   Si lo sabías, ¿por qué lo hiciste ? *Si tu le savais, pourquoi l'as-tu fait ?*

– Si la condition est irréalisable = imparfait du subjonctif en espagnol, imparfait de l'indicatif en français :
   Si lo viera se lo diría. *Si je le voyais, je le lui dirais.*
   Si hablases menos, dirías menos bobadas. *Si tu parlais moins, tu dirais moins de bêtises.*

Si la condition se rapporte au passé = plus-que-parfait du subjonctif en espagnol et plus-que-parfait de l'indicatif en français :
   Si lo hubiera visto, se lo habría dicho. *Si je l'avais vu, je le lui aurais dit.*
   Si hubieras hablado menos, habrías dicho menos bobadas. *Si tu avais moins parlé, tu aurais dit moins de bêtises.*

Autres conjonctions ou locutions de condition :

como + subjonctif = si + indicatif :
   Como se niegue, estamos perdidos. *Si jamais il refuse, nous sommes perdus.*

como si + imparfait du subjonctif = si + imparfait indicatif :

Habla como si fuera Dios. *Il parle comme s'il était Dieu.*

en caso de que	*au cas où, si toutefois*
a condición de que	*à condition que*
siempre y cuando que	*pourvu que*
con tal (de) que	*pourvu que,* etc.

Díselo en caso de que venga. *Dis-le lui au cas où il viendrait.*

Acepto siempre y cuando esté claro. *J'accepte pourvu que ce soit clair*

LA SUBORDONNÉE DE CAUSE

Elle est introduite par des conjonctions ou des locutions telles que **porque**, *parce que* ; **ya que, puesto que**, *puisque* ; **pues**, *car*, *puisque* ; **como**, *comme* ; **dado que**, *étant donné que*, etc.

Elle est souvent suivie de l'indicatif quand elle exprime un fait réel :
   No ha venido a trabajar porque está enfermo. *Il n'est pas venu travailler parce qu'il est malade.*
   Ya que estás aquí, échame una mano. *Puisque tu es ici, donne-moi un coup de main.*
   Como no lo has leído, no entiendes nada. *Comme tu ne l'as pas lu, tu ne comprends rien.*

Cependant, la subordonnée introduite par **porque**, *parce que*, est au subjonctif quand elle dépend d'une principale à la forme négative :
   No creas que no irás al colegio porque estés cansada. *Ne pense pas que tu n'iras pas à l'école parce que tu es fatiguée.*
   No porque sea inteligente quiere decir que lo sabe todo. *Ce n'est pas parce qu'elle est intelligente qu'elle sait tout.*

LA SUBORDONNÉE DE CONSÉQUENCE

Elle est introduite par des conjonctions ou des locutions telles que **luego**, *donc* ; **por lo tanto**, *de ce fait* ; **por eso**, *c'est pourquoi* ; **por lo que/cual**, *de ce fait* ; **de manera/ modo que**, *de sorte que* ; **así (pues)**, *ainsi (donc)*.

La subordonnée introduite par une conjonction de conséquence est, le plus souvent, à l'indicatif :

> **Lo has entendido, luego eres inteligente**.
> *Tu l'as compris, donc tu es intelligent.*
> **He envejecido mucho de modo que igual no me reconoces**.
> *J'ai beaucoup vieilli, de sorte que peut-être tu ne me reconnaîtras pas.*
> **Hemos empezado, por lo tanto terminamos**.
> *Nous avons commencé, donc nous finissons.*

Après **como para** + infinitif = *pour* + infinitif :
> **Me duele lo suficiente el estómago como para no beber alcohol**.
> *J'ai assez mal à l'estomac pour ne pas boire d'alcool.*

Après **tan / tanto / tanta / tantos / tantas...** *que, tant (de), si, tellement*, exprimant une idée d'intensité ou de quantité :

> **Tanto/a/os/as** + substantif + que :
> **Tienen tanto humor que no paran de reírse**.
> *Ils ont tellement d'humour qu'ils n'arrêtent pas de rire.*

> **Tan** + adjectif + que :
> **Estoy tan estresada que me he puesto enferma**.
> *Je suis si stressée que je suis tombée malade.*

Tan + adverbe + **que** :
Llegaron tan tarde que ya nos habíamos ido.
Ils sont arrivés si tard que nous étions déjà partis.

Tanto + verbe + **que** :
Tanto comió que no podía moverse.
Il a tant mangé qu'il ne pouvait pas bouger.

Le verbe de la subordonnée peut être au subjonctif :

– pour exprimer un résultat à obtenir :
Fui yo de manera que no viniera hasta aquí.
J'y suis allée de sorte qu'il ne vienne pas jusqu'ici.

– après les conjonctions **de ahí que, de aquí que**, *de sorte que* :
No me invitó de ahí que no tuviera valor de ir.
Il ne m'a pas invité de sorte que je n'ai pas eu le courage d'y aller.

– après **para que/como para que**, *pour que*.
Estoy demasiado cansada como para que pueda ir contigo al cine.
Je suis trop fatiguée pour pouvoir aller au cinéma avec toi.

LA SUBORDONNÉE DE CONCESSION

Elle exprime une difficulté ou un effort qui n'aboutit pas. Elle est introduite par des conjonctions de concession telles que : **aunque/ aun/ aun cuando** *quoique* ; **a pesar de que** /**pese a que**, *bien que*, *même si* ; **por más (mucho)... que**, *quand bien même*, etc.

Si la concession porte sur un fait réel ou considéré comme tel, le verbe de la subordonnée se met à l'indicatif et au subjonctif si elle porte sur un fait hypothétique ou irréel :

Aunque + indicatif = *bien que* + subjonctif.
Aunque + subjonctif = *même si* + indicatif.

Aunque estoy enferma, voy a trabajar. *Bien que je sois malade, j'irai travailler.*

Aunque esté enferma, iré a trabajar. *Même si je suis malade, je vais travailler.*

Aprobará a pesar de que no estudia. *Il réussira bien qu'il n'étudie pas.*

Aprueba a pesar de que no estudie. *Il réussit même s'il n'étudie pas.*

No vayas aun teniendo tiempo. *Bien que tu aies / Même si tu as le temps, n'y va pas.*

LA SUBORDONNÉE DE MANIÈRE

Elle est introduite par **como**, **tal y como**, *comme* ; **según**, *selon* ; **sin que**, *sans que*.

Si le verbe de la principale est au présent ou au passé = subordonnée à l'indicatif :

Lo he hecho tal y como dijiste. *Je l'ai fait comme tu l'as dit.*

Según me han dicho se ha ido de vacaciones. *D'après ce qu'on m'a dit, il est parti en vacances.*

Si le verbe de la principale est au futur ou au conditionnel = subordonnée au subjonctif :

Vendrán como puedan. *Ils viendront comme ils pourront.*

No se atreverían a hacerlo sin que lo supieras. *Ils n'oseraient pas le faire sans que tu le saches.*

LE DISCOURS INDIRECT

Le discours ou style indirect est introduit par des verbes déclaratifs tels que :

Decir, *dire* ; **afirmar**, *affirmer* ; **contar**, *raconter* ; **manifestar**, *manifester* ; **declarar**, *déclarer*, etc.

Le passage du discours direct au discours indirect peut entraîner des changements des personnes verbales, de pronoms personnels ou d'adjectifs possessifs :

Escribo mis memorias. *J'écris mes Mémoires.*
Dice que escribe sus memorias. *Elle dit qu'elle écrit ses Mémoires.*
Dijo que escribía sus memorias. *Elle a dit qu'elle écrivait ses Mémoires.*

Mode et temps dans le discours indirect :

Si le verbe déclaratif est au présent de l'indicatif, la subordonnée conserve le ou les mêmes temps utilisés au style direct :
Hablábamos de él cuando llegó. *Nous parlions de lui quand il est arrivé.*
Dice que hablábamos de él cuando llegó. *Il dit qu'on parlait de lui quand il est arrivé.*

Si le verbe déclaratif est au passé, le ou les verbes de la subordonnée dépendent de celui qui est utilisé au style direct :

– présent de l'indicatif (direct) = imparfait de l'indicatif ou passé simple (indirect) :

Le cuenta la verdad. *Il lui raconte la vérité.*

Dijo que le contaba la verdad. *Il a dit qu'il lui racontait la vérité.*

– passé simple ou passé composé (direct) = plus-que-parfait de l'indicatif ou passé simple (indirect) :

Le ha contado/contó la verdad. *Il lui a raconté la vérité.*

Dijo que le había contado la verdad. *Il a dit qu'il lui avait raconté la vérité.*

– futur simple (direct) = conditionnel présent (indirect) :

Le contará la verdad. Il lui racontera la vérité.

Dijo que le contaría la verdad. *Il a dit qu'il lui raconterait la vérité.*

– futur antérieur (direct) = conditionnel passé (indirect) :

Le habrá contado la verdad. *Il lui aura raconté la vérité.*

Dijo que le habría/hubiera contado la verdad. *Il a dit qu'il lui aurait raconté la vérité.*

Quand le verbe utilisé au style indirect est à l'imparfait de l'indicatif ou au conditionnel présent ou passé, il n'est pas modifié au style indirect :

Actuaba/actuaría por la noche. *Il jouait/jouerait le soir.*

Me dijo que actuaba/actuaría por la noche. *Il m'a dit qu'il jouait/jouerait le soir.*

Impératif (direct) = subjonctif (indirect) :

Cuéntale la verdad. *Raconte-lui la vérité.*

Dice que le cuente la verdad. *Il dit qu'il lui raconte la vérité.*

Notez que si la subordonnée au style indirect exige le subjonctif, il faut bien respecter la concordance des temps :

Es necesario que aprendas español. *Il faut que tu apprennes l'espagnol.*

Dijo que era necesario que aprendieras español. *Il a dit qu'il fallait que tu apprennes l'espagnol.*

DIFFICULTÉS DE SYNTAXE
ET DE TRADUCTION

EN ET Y

Les pronoms *en* et *y* ne se traduisent pas toujours.

– Quand *en* et *y* sont compléments d'un verbe, d'un adjectif ou d'un participe passé, ils se traduisent par un pronom personnel complément ou un pronom démonstratif suivi d'une préposition si nécessaire :
Elle en est fière. **Está orgullosa de él**.
N'y pense plus. **No pienses más en ello**.

– Quand *en* et *y* désignent un lieu = l'adverbe de lieu, suivi d'une préposition si nécessaire :
Nous en sommes partis tard. **Hemos salido de allí tarde**.
J'y vais. **Voy para allá**.

– *en* ne se traduit pas lorsque le verbe précède un nombre ou une expression de quantité :
J'en ai cinq cents. **Tengo quinientos**.
Elle en a acheté beaucoup. **Ha comprado muchos**.

– « en » se traduit par le pronom complément d'objet direct **lo**, **la**, **los**, **las**, ou par un pronom indéfini lorsqu'il n'est pas suivi d'un nombre ou d'une expression de quantité :
Elle en a besoin (l'ordinateur). **Lo necesita**.
Nous en vendons (des chocolats). **Los vendemos**.
Tu en connais (des histoires) ? **¿ Conoces algunas ?**

– « en » se traduit par le pronom complément précédé de **de** ou par un possessif lorsqu'il est complément de nom :
Il n'en est pas le propriétaire (la maison). **No es su dueño (de ella)**.
J'en suis la marraine. **Soy su madrina**.

DEVENIR

Le verbe *devenir* n'existe pas en tant que tel en espagnol. L'espagnol utilise des verbes différents en fonction de la nature du changement qui affecte la personne ou la chose en devenir.

– Changement d'un état passager = **ponerse** + adjectif :
Se puso rojo de rabia. *Il est devenu rouge de colère.*
Se pusieron contentos en cuanto supieron la noticia. *Ils sont devenus contents dès qu'ils ont appris la nouvelle.*

– Changement volontaire, progressif = **volverse** + nom / **Convertirse en** + nom :
Erol se volvió pintor. *Erol est devenu peintre.*
Tras diez años de guerra se convirtieron en aliados. *Après dix années de guerre, ils sont devenus des alliés.*

– Changement de nature, définitif = **volverse** + nom :
Se volvió ciego de repente. *Soudain, il est devenu aveugle.*
Se volvieron locos de alegría. *Ils sont devenus fous de joie.*

L'HABITUDE

Le verbe **soler,** *avoir l'habitude de, généralement, habituellement,* exprime une action d'habitude. La plupart du temps, il ne s'utilise qu'au présent et à l'imparfait :

Suelo leer antes de dormir. *J'ai l'habitude de lire avant de dormir.*

Solíamos ir a correr todas las mañanas. *Nous courions généralement tous les matins.*

Expressions qui expriment l'habitude :

tener (la) costumbre de,	*avoir l'habitude de*
acostumbrar	
acostumbrarse	*prendre l'habitude de*
estar acostumbrado	*être habitué à*

Estaban acostumbrados a verse todas las mañanas. *Ils étaient habitués à se voir tous les matins.*

Tiene la maldita costumbre de contradecirme siempre. *Il a la maudite habitude de me contredire toujours.*

On peut exprimer aussi l'habitude avec des adverbes comme :

a menudo	*souvent*
generalmente	*généralement*
por lo general, en general	*en général*
con frecuencia	*fréquemment*

A menudo viene a verme. *Il vient souvent me voir.*

En general llega a las siete. *En général, il arrive à sept heures.*

L'OBLIGATION

L'obligation impersonnelle :

hay que
hace falta
es preciso $\Big\{$ + infinitif = Il faut + infinitif
es necesario
es menester

  Es preciso ir a verle. *Il faut aller le voir.*
  Hay que cambiar de coche. *Il faut changer de voiture.*

L'obligation personnelle :

hace falta que
es preciso que $\Big\{$ + subjonctif =
es necesario que il faut que + subjonctif
es menester que

  Es preciso que cambies de casa. *Il faut que tu changes de maison.*
  Hace falta que venga a firmar. *Il faut qu'il vienne signer.*

L'obligation personnelle avec :

tener que
deber (de) $\Big\{$ + infinitif = devoir + infinitif ou *il faut que*
haber de + sujet subjonctif

  Tienes que pagar las facturas. *Il faut que tu payes les factures.*
  Debemos ir a buscar a tu amiga. *Nous devons aller chercher ton amie.*
  Has de crecer. *Tu dois grandir.*

TRADUCTION DE *IL Y A*

— *il y a* = **haber** (à la 3e personne du singulier), quand on exprime une quantité indéterminée et que le nom qui suit est précédé d'un article ou d'un adjectif indéfini :
Había varias cajas llenas de botones.
Il y avait plusieurs caisses pleines de boutons.
Había muchísima gente.
Il y avait beaucoup de monde.

Au présent de l'indicatif on emploie **hay**.
Hay amores que matan. *Il y a des amours qui tuent.*

— *il y a* = **estar**, pour exprimer une quantité plus précise. Le nom qui suit est précédé de l'article défini, de l'adjectif démonstratif ou possessif :
En la mesa están los cuadernos que buscas.
Sur la table, il y a les cahiers que tu cherches.
En el viaje de fin de curso estarán todos los profesores.
Pour le voyage de fin d'année, il y aura tous les professeurs.

— *il y a* = **hace** (à la 3e personne du singulier) quand on exprime le temps (durée et météorologie) :
Hace cuatro años que no voy a Zamora.
Il y a quatre ans que je ne vais pas à Zamora.
Harán siete años que se separaron.
Il y aura sept ans qu'ils se sont séparés.

Quand *il y a* marque la durée, il peut être traduit par les tournures :
Hace seis años que vive en Berlín.

Está en Berlín desde hace seis años.
Lleva seis años en Berlín.

– *il y en a qui* = **los/las hay que** + verbe au pluriel
                          hay quien + verbe au singulier

Los hay que tienen más morro que tú.
Il y en a qui sont plus gonflés que toi.
Hay quien dice que se escapó de la cárcel.
Il en a qui disent qu'il s'est échappé de prison.

Il n'y a personne qui = **no hay quien**.
No hay ser humano que la soporte.
Il n'y a personne qui la supporte.

– *il n'y a qu'à* + *infinitif* = **no hay más que** + infinitif :
No hay más que decirle que se vaya a la porra.
Il n'y a qu'à l'envoyer balader.

– *il n'y a plus qu'à* + infinitif = **no hay más remedio que** + infinitif :
No habrá más remedio que callarse.
Il n'y a qu'à se taire.

Si *il n'y a qu'à* équivaut à *il suffit* = **con** + infinitif :
Con no mirarle, basta.
Il n'y a qu'à ne pas le regarder.

– *il y a... à* + infinitif = **hay... que** + infinitif :
Hay mucho que decir al respecto.
Il y a beaucoup à dire à ce propos.
Hay poco que añadir.
Il y a peu de chose à ajouter.

– *il y a de quoi* + infinitif = **es para** + infinitif :
Es para volverse loca.
Il y a de quoi devenir folle.

No es para reír.
Il n'y a pas de quoi rire.

– *il y a lieu de* + infinitif = **cabe** + infinitif (pour insister sur l'opportunité)
hay motivo para + infinitif (pour insister sur le motif :

Cabe decírselo mañana mismo.
Il y a lieu de lui dire demain même.
Hay motivo para que se enfade.
Il y a lieu de se fâcher.

TRADUCTION DE *DEPUIS*

– *depuis* = **desde**, pour exprimer, dans le temps ou l'espace, un point de départ :
Desde su accidente ya no coge la moto.
Depuis son accident, il ne prend plus la moto.
Hemos venido andando desde la Puerta del Sol.
Nous avons marché depuis la Puerta del Sol.

– *depuis... jusqu'à...* = **desde... hasta.. .** Pour être encore plus précis.
Hemos venido en tren desde Segovia hasta Cádiz.
Nous avons pris le train depuis Ségovie jusqu'à Cadix.
La conferencia duró desde las diez de la mañana hasta las diez de la noche.
La conférence a duré depuis dix heures du matin jusqu'à dix heures du soir.

– *depuis* = **desde hace**, pour exprimer la durée. **Hace** se conjugue toujours à la 3ᵉ personne du singulier au temps requis :
Vive en Madrid desde hace veinte años.
Elle habite Madrid depuis vingt ans.
No he visto a mis padres desde hace tres años.
Je n'ai pas vu mes parents depuis trois ans.

Attention à ne pas confondre *depuis* exprimant la durée et *depuis* exprimant un point de départ :
No fumamos desde hace cinco meses.
Nous ne fumons plus depuis cinq mois.
Desde el 16 de febrero no fumamos.
Depuis le 16 février nous ne fumons plus.

D'autres traductions sont possibles sans la préposition desde :

Empezaron a trabajar juntos desde hacía 36 años.
Llevaban 36 años trabajando juntos.
Hacía 36 años que trabajaban juntos.
Ils ont commencé à travailler ensemble depuis 36 ans.

TRADUCTION DE *MÊME*

– *même* = **mismo**, quand il est adjectif. Ils s'accorde en genre et en nombre avec le nom ou le pronom auquel il se rapporte :
Tenemos el mismo color de piel.
Nous avons la même couleur de peau.
Cristina escribe de la misma manera que un escritor peruano.
Christine écrit de la même façon qu'un écrivain péruvien.

Lorsque *lui-même*, *elle-même*, etc., sont placés après un nom, le pronom personnel ne se traduit pas en espagnol et **mismo** s'accorde en genre et en nombre avec le nom :
Vino el mismo jefe a verle al hospital.
Le chef lui-même est venu le voir à l'hôpital.
Ella misma hizo el rodaje y montaje de la película.
C'est elle-même qui a fait le tournage et le montage du film.

la même chose = **lo mismo** :
Queremos lo mismo.
Nous voulons la même chose.
Estuvimos de acuerdo en lo mismo.
Nous avons été d'accord sur la même chose.

– *même* adverbe = **hasta, incluso, aun.**
Se atrevió incluso a venir a mi casa.
Il a même osé venir chez moi.
Es capaz hasta de destruir la maqueta.
Il est même capable de détruire la maquette.

- Autres traductions possibles :

même pas	**ni siquiera**
même pas !	**¡ni eso !**
même si	**aunque**
de même	**otro tanto, lo mismo**
de même que	**así como**
quand bien même	**aunque**
quand même !	**¡vaya ! ¡vamos ! ¡hombre !**
sans même	**sin ni siquiera**

Ni siquiera me dirigió la palabra.
Il ne m'a même pas adressé la parole.
¡Vaya, has venido !
Tu es venu quand même !

TRADUCTION DE *CHEZ*

— si *chez* + nom désigne le domicile = **casa** précédé de
la prépositon requise par le verbe :
Vamos a casa de Magdalena.
Nous allons chez Madeleine.
Nos hemos instalado en casa de mi madre.
Nous nous sommes installés chez ma mère.

— si *chez* + pronom désigne le domicile :

— si le pronom représente la même personne que le sujet
= **casa** précédé de la préposition requise :
Estuvimos toda la tarde en casa.
Nous avons passé l'après-midi chez nous.
Me voy a casa.
Je rentre chez moi.

— si le pronom représente une autre personne que le sujet
= un possessif devant **casa**, ou **de** + pronom personnel
suivi de **casa**.
Vendrán a nuestra casa dentro de un mes.
Ils viendront chez nous dans un mois.
Vamos a tu casa (a casa tuya).
Allons chez toi.

Notez que si *chez moi, toi*, etc., signifie *dans mon pays,
dans ma région*, etc., il est traduit par **en mi tierra, en
mi país**, etc.
Me vuelvo a mi tierra.
Je retourne chez moi.

— si *chez* + nom désigne le lieu d'une activité profession-
nelle = nom de la profession ou du magasin précédé de
la préposition requise par le verbe :

He ido a ver al dentista.
Je suis allé chez le dentiste.
Trabajaba en Dior.
Il travaillait chez Dior.
Está en la pescadería.
Elle est chez le poissonnier.

– si *chez* + nom ou pronom désigne une personne ou un groupe de personnes considérées individuellement = **en** :
En mi madre era un don.
Chez ma mère c'était un don.
En Paco la agresividad no se veía.
Chez Paco l'agressivité ne se voyait pas.
Es de destacar la profesionalidad en los catalanes.
Il faut souligner le professionnalisme des Catalans.

– si *chez* + nom ou pronom pluriel a le sens de *parmi*, *entre* = **entre** :
Entre las personas mayores es muy común.
C'est très courant chez les personnes âgées.
Entre los arquitectos es una razón convincente.
Chez les architectes c'est une raison convaincante.

EXPRESSION DE L'HEURE

Pour exprimer l'heure on emploie le verbe **ser** + l'article défini qui se met au féminin singulier ou pluriel, selon le nombre d'heures.

¿Qué hora es ?	*Quelle heure est-il ?*
Es la una.	*Il est une heure.*
Es la una y media.	*Il est une heure et demie, trente.*
Son las dos y cuarto.	*Il est deux heures et quart.*
Son las tres menos cuarto.	*Il est trois heures moins le quart.*
Son las cuatro en punto.	*Il est quatre heures précises.*
Son las cinco y cinco.	*Il est cinq heures cinq.*
Son las seis menos diez.	*Il est six heures moins dix.*
¿A qué hora empieza ?	*À quelle heure ça commence ?*
A las ocho en punto.	*À huit heures précises.*
A las nueve y pico.	*À neuf heures et quelques.*
A las doce.	*À midi.*
A las doce de la noche.	*À minuit.*
A mediodía.	*À midi.*
A medianoche.	*À minuit.*

En Espagne, l'heure est indiquée sur une période de douze heures dans la conversation courante. La journée est divisée en plusieurs parties :

la madrugada	*le petit matin (de minuit à l'aube)*
la mañana	*le matin*
la tarde	*l'après-midi*
la noche	*le soir, la nuit*

Pour les horaires de transport et pour les communications officielles, l'heure est indiquée sur une période de vingt-quatre heures. On ajoute les minutes sans la conjonction y.

El tren sale a las diecinueve cuarenta y cinco minutos.

Le train part à dix-neuf heures quarante-cinq minutes.

Pour exprimer l'heure approximative, on utilise a **eso de**, **hacia** ou **sobre** :

Llegará a eso de las nueve de la noche.

Elle arrivera vers neuf heures du soir.

Un véritable outil d'apprentissage

(Pocket n° 13218)

Dans cet ouvrage, l'auteur explique de manière simple et complète le fonctionnement du système verbal espagnol. L'ouvrage est divisé en 4 sections : caractéristiques générales de la conjugaison espagnole, constructions des temps verbaux, tableau de conjugaison et verbes irréguliers. Grâce à *La conjugaison espagnole*, le lecteur, qu'il étudie seul ou dans un cadre scolaire, aura toujours à portée de main un outil d'apprentissage et de référence à la fois complet et concis.

Il y a toujours un Pocket à découvrir

L'espagnol pour tous

(Pocket n° 13216)

Ce manuel contient 7 500 mots et expressions de l'espagnol d'aujourd'hui classés en 40 thèmes. Utile tant dans le cadre d'un apprentissage individuel qu'en complément du travail scolaire, le *Vocabulaire espagnol* est un outil de référence simple et concis pour trouver le mot juste en toute circonstance.

Il y a toujours un Pocket à découvrir

Cet ouvrage a été composé par
PCA – 44400 REZÉ

Impression réalisée sur Presse Offset par

C P I
Brodard & Taupin

40715 – La Flèche (Sarthe), le 23-05-2007
Dépôt légal : juin 2007

POCKET – 12, avenue d'Italie - 75627 Paris cedex 13

Imprimé en France